Una Mirada al Proceso de Las Mujeres Chinas

CHENXI   LUO

A mi querida profesora Pinar Agudiez de la Universidad

Complutense de Madrid.

ÍNDICE

1. Introducción

1.1 Presentación

Es un trabajo que a través de analizar los artículos publicados en la revista China *"Women of China"* (versión inglesa) relacionadas con Los Juegos Olímpicos Beijing de 2008, Exposición Mundial Shanghai de 2010 y Asia Games Guangzhou de 2010, buscar las imágenes de las mujeres chinas que el gobierno quiere e intenta construir para el mundo exterior aprovechando los grandes festivales mundiales, por qué elijen los personajes de diferentes sectores sociales como protagonistas, la relación entre los artículos y su política y cómo el gobierno maneja las estrategias comunicativas al servicio de su política en un país comunista y socialista.

"Women of China" es la primera y única revista femenina oficial del gobierno chino, se divide en dos versiones, en chino y en inglés, la última se publica especialmente para el exterior, según el cálculo ya ha llegado a más de 130 países. Como un Departamente del Gobierno, sirve de garganta del régimen para propagar la política interior y exterior del país y presentar la imagen de las mujeres chinas para el exterior. [1] Además, *"Women of China"* se utiliza como regalo oficial para los visitantes oficiales, así como para los presidentes de otros Estados. También, cada mes, se envía a diferentes embajadas extranjeras acreditas en Beijing y a las organizaciones internacionales de la ONU. [2] Para sus lectores extranjeros "Women of China" es el único medio oficial, directo y completo para conocer el mundo femenino de China. Porque en esta revista las mujeres vienen de diferentes clases sociales, no sólo altas funcionarias y negociantes femeninos, sino también mujeres rurales y de otras etnias. Se ofrece un punto de vista completo de las situaciones de mujeres chinas. Al mismo tiempo

como una revista oficial, conlleva su sentido y función especial y exclusiva desde el principio. Igual que cualquier país, cada régimen sabe muy bien cómo aprovecha sus medios de comunicación para progapar, profundizar y reforzar su gobernación. "Women of China", su esencia determina su objetivo y su contenido.

En un país en el que sólo existe un único partido político, esta revista usa diferentes métodos comunicativos para elegir los temas y construir las imágenes femeninas para presentarlas hacia fuera, es decir para que todo el mundo tenga la oportunidad de conocer las situaciones de las mujeres chinas y de paso conocer más toda la sociedad china. Por otra parte, como China tiene una ideología diferente a los países occidentales, su economía ya ha llegado a un nivel internacional, por lo tanto, necesita correspondientes niveles en cultura y política. La revista, con un propósito político muy notable, juega un importante papel en este proceso. Por los dos razones, la elijo como objeto de investigación.

El nivel de desarrollo de las mujeres consiste en un tema persistente e interesante durante toda la historia humana, muchas veces a través de las investigaciones femeninas podemos ver el panorama de una época, un país y una nación, el estado que ocupan las mujeres en los sectores sociales refleja la política, economía, cultura, religión, psicología, e incluso la ideología. Entonces, como una chica de la generación 80 del siglo 20 que nació en un país comunista y socialista, un sistema social totalmente diferente y contrario a la de la mayoría del mundo occidental, experimenté el estado, los cambios y desarrollos de las mujeres chinas durante los últimos 20 años. Al mismo tiempo, en el mismo periodo, la economía de China tenía un desarrollo tan notable que sorprendió completamente a todo el mundo. Por la tanto, la atención del mundo empezó a enfocar hacia China que es uno de los países comunistas, el más grande en geografía y en demografía; un país antiguo con más de 4000 años de civilización, 2100 años de feudalismo y que después entró directamente en el socialismo, según la teoría social de Marxismo, y falta de capitalismo, justamente este punto consiste en un debate internacional permanente.

Entonces, después de la caída del régimen Soviético, China es el único gran socialismo y de nuevo enfoque. Los expertos occidentales investigan los temas relacionados con política, economía, militar, cultura, geografía, etc de China.

A mí, personalmente me interesan mucho las situaciones de las mujeres chinas en la actualidad, sobre todo durante los últimos 10 años, porque soy una de ellas, vivo en aquella sociedad, experimento profundamente los cambios y mejoramientos de su estado económico, político, educativo y fama internacional. A lo largo de 4000 años de historia, las mujeres chinas habían ocupado el principal puesto de la sociedad, sin embargo, después de entrar en la sociedad feudal, durante más de 2000 años, ellas eran el accesorio de la sociedad masculina, sufrieron mucho por las reglas feudales, aunque surgió una emperatriz en la dinastía Tang y algunas intelectuales femeninas, generalmente estaban en un desarrollo muy lento. Cuando la ola de revolución del siglo 20 llegó a China, las mujeres chinas volvieron a despertarse, se convirtieron en vanguardias de la sociedad, ellas lucharon por la libertad e independencia de la regla feudal, al mismo tiempo, por la independencia de toda la población. Incluso, en las posteriores revoluciones de Mao Zedong, las imágenes femeninas desempeñaron papeles muy importantes, Mao escribió una frase muy famosa que confirma la importancia de mujeres chinas. *"Mujeres chinas ocupan la mitad del cielo "*, esta misma frase ya ha sido la base de todas las políticas femeninas de La República Popular China. Después de la política de Apertura y Reforma del año 1979, con el rápido desarrollo de la economía, las mujeres chinas volvieron a ser elementos más activos en diferentes sectores sociales. Sobre todo, durante los últimos 10 años, las mujeres chinas están en una época plena de desarrollo, alto ingreso económico, gran participación política, mucho más oportunidad de recibir educación de calidad fuera y dentro de China, buena calidad sanitaria, etc. Todo eso significa que ya las mujeres chinas estamos en una periodo totalmente nuevo y histórico, nunca ha existido antes. Entonces, en ese justo tiempo, una investigación sobre las mujeres chinas es un trabajo razonable y merece mucho la pena.

Este trabajo cuenta con cuatro partes principales. La primera, presentación, objetivo, justificación, planteamiento y metodología; la segunda, Marco teórico; la tercera, desarrollo de análisis y la última, conclusión.

1.2 Objetivo

Todo este trabajo se trata de un análisis sobre una serie de artículos relacionados con Los Juegos Olímpicos Beijing de 2008, Exposición Universal Shanghai de 2010 y Asia Games Guangzhou de 2010 que se publicaron en la revista oficial "Women of China". Por medio de las presentaciones y análisis, se va a ofrecer un panonama de una época totalmente nueva para las mujeres chinas. Su situación política, económica, cultural en una sociedad comunista con la economía desarrollándose aceleradamente en los últimos años. Los Juegos Olímpicos de Beijing, 2008; Exposición Universal de Shanghai, 2010 y Juego Asiáticos de Guangzhou, 2010 son festivales internacionales, son excelentes oportunidades de presentarse para todo el mundo, conseguir reconocimiento mundial y reforzar su imagen internacional.

"*Women of China*" como la fuente oficial, desde el punto femenino, sobre todo, Mujeres y Olímpicos; Mujeres y Expo; Mujeres y Asia Game, estas tres partes exclusivas ofrecen las imágenes femeninas que se activan en los tres acontecimientos mundiales. Entre ellas, se dividen en tres partes principales: deportistas, voluntarias y personas de otras profesiones que sirven para los tres festivales, así como, trabajadoras normales de la mascota oficial, funcionarias,policía marina y diseñadores artísticos. Cada parte nos presenta diferentes excelentes cualidades que no sólo de la vida, sino también, con los carateres modernos de nuestra época. Por ejemplo, según los deportistas, nos presenta el gran triunfo en el   festival deportivo, el compromiso y honor con su patria y la población, también la cooperación entre compañeros y superación de los duros entrenamientos deportivos; los voluntarios eran otro paisaje llamativo de los tres grandes festivales internacionales, la mayoría son estudiantes universitarios chinos, con mucha pasión y ganas de participar en los asuntos internacionales, por eso, recibieron diferentes duros entrenamientos, con mucha dedicación en cuidar y ayudar a los visitantes. Y las trabajadoras aunque no estuvieron presentes en los festivales, hicieron su trabajo normal y necesario para garantizar su funcionamiento.

Entonces, este trabajo con el fin de buscar las imágenes de estas tres partes de protagonistas (deportista, vouluntaria, trabajadora de otras profesiones),   analiza cómo las construye el gobierno chino a través de los artículos en su única revista femenina oficial, qué objeto conlleva, qué estrategias comunicativas están dentro de las palabras, y por qué lo hace el gobierno, e incliuso, se busca la relación entre la comunicación y la política en un país comiunista y socialista. Consiste en una investigación basado en los artículos durante tres acontecimientos de la historia de República Popular China en los últimos 10 años cuando su potencia se amplia por todo el mundo. La revista oficial femenina como una ventana hacia el mundo exterior, y yo como una   mujer de la generación nueva de China que llevo muchos años en este país, y luego estudié comunicación en occidente, Mi punto de vista es un tipo mezclado, entonces, yo consigo esta invesitgación desde el concepto de la tradicinal china, al mismo tiempo, con la teoría comunicativa científica. Creo que este trabajo ayudará a mis compañeros y profesores a conocer mejor el mundo comuniciativo de China.

1.3 Justificación

Como una chica china que nació en los años 80 del siglo 20, creció durante los años 90 principios del siglo 21, en la época en que su país goza de una mejora constante, he experimentado todos los cambios notables de esta sociedad. Como mujer, hija única, tenemos una nueva imagen en el nuevo periodo totalmente diferente de la que el mundo exterior cree, egoísta, perezosa, cerrada, pobre, etc. Como una estudiante unversitaria, me alegro mucho de decir que todas las chicas chinas tienen la misma oportunidad de recibir educación superior que los chicos. También somos inteligentes y diligentes. Como una chica que estudia comunicación en un país occidental en dónde la ideología, concepto de valor, filosofía es totalmente diferente a la de su país, quiero hacer una investigación con un punto de vista lo más objetivo posible basándome en las teorías comunicativas. Al mismo tiempo, salto del interior al exterior conservando y pensando las cosas que antes creía razonables.

Entonces, este trabajo para mí es un trabajo justo y necesario. Por una parte, quiero presentar las nuevas imágenes de las mujeres chinas en los últimos años, con el fin de ver si en una sociedad de economía con alta rapidez de desarrollo. sus mujeres ascienden al mismo ritmo en política, economía, educación y cultura. Quiero informar también a las personas que todavía no saben muy bien de las situaciones de las mujeres chinas. Por otra parte, con un concepto más objetivo y el conocimiento profesional de la comunicación, vuelvo a mirar y pensar en los medios de comunicación de mi país, a descubrir las estrategias escondidas detrás de los artículos que se publicaron en un medio oficial para el exterior, a conocer mejor cómo la comunicación sirve a la política en un país comunista, también para servir de una ventana a mis compañeros y profesores a conocer el mundo comunicativo en China que siempre discutimos en la clase.

1.4 Planteamiento

Según el *Índice de democracia* [3] , el Ranking de 2010, China está por debajo de 4, sólo con 3.14 puntos, pertenece a Régimen autoritario. Según Wikipedia, autoritarismo en un sentido estrictamente técnico, es la forma política en la que el Estado, es decir, el conjunto de instituciones que ostentan el poder político en una delimitación territorial sobre un conjunto de ciudadanos, se identifica con un partido político, cuya función sería servir de nexo entre el poder político y el ciudadano. [4]

Entonces, cabe preguntarse, por un lado, ¿ cómo son los medios de comunicación en un país autoritario, al mismo tiempo comunista y socialista, si como en los demás dictaduras, el único partido político controla todas las fuentes de comunicación, y las usan como una parte del gobierno, con la función de ser garganta del régimen y lo sirven totalmente para propagar su política y orientación, por encima de los intereses de su población. Y si la política de comunicación exterior es la mismo que la del interior, es decir si todas las noticias están censuradas, la elección de temas siempre sigue una orientación principal del Partido?

Por otro lado, ¿cómo son las mujeres que viven bajo de la dirección de un gobierno autoritario, qué son imágenes salen por la única revista oficial femenina hacia el exterior y si las imágenes son construídas intencionalmente por este gobierno? A comienzos del siglo 21, tres festivales mundiales Olímpico, Expo y Asia Games eran grandes

oportunidades para que China se presentar al mundo, mejorar su imagen internacional y reforzar su estado político y económico en un nuevo siglo. Desde luego, este gobierno aprovecha muy bien estas oportunidades excelentes. Con todas las dudas, hay motivos para hacer esta investigación.

1.5 Metodología

Para ejercer este trabajo, se decidió seleccionar como objeto de estudio la revista china "Women of China". Por una parte, es la única revista oficial sobre mujeres china del gobierno chino para el exterior. Entonces, se consolida en fuente de primera mano para analizar las imágenes que el gobierno quieren construir y las estrategias usadas en su comunicación política. Por otra parte, como su función política, su objetivo es para los gobiernos, organizaciones internacionales y extranjeros(tiene una versión inglesa) es muy favorable para hacer este trabajo, se puede elegir los artículos directamente de la revista, no hace falta traducir, se evitan mucho los errores.

El campo de estudio durante abarca el año 2008 y 2010, respectivamente se celebrara Los Juegos Olímpicos de Beijing, de agosto a octubre de 2008; Exposición mundial de Shanghai, mayo a octubre de 2010; y Asia Game de Guangzhou, noviembre de 2010. Porque son tres festivales internacionales, son los más importantes acontecimientos mundiales de la historia china. Al mismo tiempo, en una nueva época, China necesita semejantes oportunidades para desarrollarse y construir su imagen internacional de gran país. Con muchas preparaciones y esfuerzo para conseguirlas, casi durante los últimos 10 años, toda la población china trabajaban en el mismo objeto, Cuando llegó el momento, toda la sociedad china estaba trabajando para garantizar el funcionamiento normal de los festivales. Cada sector social, cada clase social estaban unidas por medio de las celebraciones mundiales, el honor nacional llegó al punto pleno. Entonces, elijo estos tres festivales mundiales como el campo de estudio, principalmente basándome en su importancia de toda la sociedad y la historia china. Por la distribución de artículos, abarca en 2008, desde enero hasta octubre; y en 2010, abril, mayo, junio, julio, agosto, octubre y diciembre.

Como es un trabajo de investigar una revista, entonces, en los materiales se ha incluído incluye tanto texto como foto, y cada parte, la dejo para el anexo del trabajo. Los artículose relacionados con el tema de Juegos Olímpicos, Expo y Asia Games, se dividen en tres partes principales, deportista, voluntaria y trabajadora de otro sector. Consiste en tres líneas de analizar a sus protagonistas. Cada línea refleja un carácter personal una imagen. Por lo tanto, los análisis se desarrolla con un orden, es decir, en primer lugar, resumir el sentido superficial de cada artículo; luego busca las palabras graves, las analiza y busca los propósitos más profundos que están detrás de ellas, este paso es lo más importante; al final, después de terminar cada análisis, hacer una conclusión pequeña correspondiente para formar la conclusión completa y detallada, con el fin de resolver todas las dudas que salen en la planteamiento.

En cuanto a la distribución de los tiempos del trabajo. Se empezó al principio de abril, durante abril estaba buscando todas las informaciones sobre "Women of China", así como su historia, su estado oficial, el número de tirada, su superficie de publicación, sus principales lectores; en mayo, la profesora Pinar Agudiez y yo definimos el tema final, sólo analizar los artículos relacionados con Juego Olímpico, Expo y Asia Game del año 2008 y 2010, por la importancia y significación de los tres acontecimientos mundiales y el límite del tiempo, porque analizar todos los artículos es un trabajo colosal. En el mismo mes, recogí todos los artículos durante el año 2008 y 2010, junto con la profesora elegimos los artículos que tenían relaciones directas con el tema del trabajo. Hasta el principio de junio tuve todos los datos originales, para garantizar la velidez de los materiales, compré la revista original a su editorial china, y luego lo hice como PDF. Durante todo el junio leí todos los artículos elegidos, intenté buscar unas líneas principales que estaban siempre dentro de la política comunicativa del gobierno chino. Y al final, al principio de julio, con el esfuerzo de ambasla estructura principal ya estaba definida. Toda la segunda mitad de julio y el agosto, para desarrollo del trabajo.

2. Marco teórico

El tema sobre mujeres siempre llama mucho en atención y el interés de los expertos individuales de diferentes países y organizaciones nacionales e internacionales. Existen numerosas organizaciones y alianzas, Desarrollo Mundial de Las Mujeres de ONU es la más importante, sobre todo, sus informes anuales que han servido de un material más importante y prestigioso. Así como *El Informe sobre Desarrollo Humano* (PNUD), *El Estado Mundial de la Infancia* (UNICEF), y *El Estado de la Población Mundial* (FNUAP), y un nuevo informe bienal de UNIFEM, El Progreso de las Mujereres en el Mundo. En este trabajo, se usan los datos de UNIFEM como s principales y básicos del marco teórico por su amplia participación oficial y la alta garantía de velidez de los datos. (En Fondo de Desarrollo de las Naciones Unidas para la Mujer (2000): "*Proceso de las mujeres en el mundo 2000, informe bienal de UNIFEM*)

UNIFEM ha venido apoyando, en más de 100 países, innovadores programas de gobiernos, de ONG y de otros protagonistas, destinados a aplicar la Plataforma de Acción de Beijing. Es un informe muy importante en el proceso del desarrollo de las mujeres en todo el mundo. Se centra en las intervenciones estratégicas, las iniciativas piloto, la defensa y fomento de nuevas colaboraciones entre los organismos de las Naciones Unidas, los gobiernos, la sociedad civil y los medios de communicación para sectores fundamentales que ya ha logrado gran avance. Un ejemplo notabls de tales procesos es haber aborado el asunto de la violencia contra las mujeres. Esto incluye cambios en la legislación y mejoras en la forma de hacer cumplir la ley, así como una mayor asignación de recursos para la prevención de la violencia, y para la protección y los servicios de rehabilitación para las mujeres. Se han logrado progresos mediante iniciativas innovadoras diseñadas para incorporar la perspectiva del género en la gobernabilidad y laliderazgo, aumentar el acceso de las mujeres a las oportunidades económicas y mejorar la comprensión de los aspectos de género del VIH/SIDA.

Se ha logrado en las áreas de la potenciación económica de las mujeres y la equidad de género desde mediados de los 80 hasta finales de los 90. Puesto en circulación en las Sesiones Especiales de la ONU destinadas a revisar el progreso en la aplicación de los compromisos contraídos en la Cuarta Conferencia Mundial sobre la Mujer y en la Cumbre Mundial sobre Desarrollo Social, el presente informe se centra en los aspectos económicos del progreso de las mujeres en el contexto de la globalización. Mediante una combinación de indicadores estadísticos y testimonios personales, muestra que si bien ha habido progresos en mucho países, este progreso presenta desigualdades. Incluso en los países más ricos persisten algunas formas de inequidad de género. Aún queda por delante un largo camino antes de que se hagan realidad las promesas de la Plataforma de Acción de Beijing. Ésto plantea la necesidad de tener una mayor responsabilidad, haciendo un llamado a concentrar más la atención en tres áreas: objetivos e indicadores necesarios para verificar el progreso, personas e instituciones que deben rendir cuentas y las medidas que deben tomarse para acelerar el progreso de las mujeres. Al paso que la Plataforma de Acción de Beijing y los programas para la acción de otras conferencias mundiales de la ONU respaldan de manera firme la necesidad de justicia y equidad de género, brindan también un conjunto limitado de objetivos e indicadores específicos a manera de herramientas para asegurar una mayor responsabilidad. En lo fundamental, los países del mundo han aceptado seguir un cierto sendero, pero no lo han dotado de suficientes rótulos indicadores para que sepamos cuánto hemos avanzado en nuestro viaje y cuánto camino queda por recorrer.

Las conferencias internacionales de los 90 han llevado a acuerdo sobre una amplia gama de objetivos e indicadores para el progreso de la mujer. La Conferencia Internacional sobre la Población y el Desarrollo de 1994 jugó un papel decisivo en la presentación de objetivos e indicadores que contemplan a la salud, la educación y el derecho a la maternidad. Pero nos faltan objetivos e indicadores comparables para la potenciación económica y los derechos económicos de la mujer. Por ejemplo, no se especifican objetivos e indicadores para abordar la equidad de género en el mercado laboral, ni el tiempo dedicado al trabajo de cuidado no remunerado, ni para medir la "feminización" de la pobreza. En junio del 2000, el mundo tiene la oportunidad de vincular la revisión de la Cuarta Conferencia Mundial sobre la Mujer con las revisiones de otras conferencias mundiales de la ONU, así como con los objetivos expuestos en el Informe del Milenio publicado por el Secretario General de las Naciones Unidas. El seguimiento integrado de las Naciones Unidas puede servir para asegurar que los objetivos y los indicadores del desarrollo global que abordan la pobreza-renta se especifiquen de tal modo que se tomen en cuenta en los mismos las disparidades de género.

Deben implementarse políticas que garanticen el cumplimiento de los objetivos de tal manera que se promueva, en vez de impedirse, que las mujeres disfruten plenamente de sus derechos humanos. El discurso sobre los derechos tiene una fuerza moral poderosa, de la cual carece el discurso sobre los objetivos. Por lo tanto, debemos vincular de manera explícita los objetivos con la promoción y la protección de los derechos humanos de las mujeres. Alcanzar los objetivos de equidad de género y de protección de los derechos humanos de la mujer exige que los gobiernos realicen asignaciones adecuadas de los recursos disponibles. Los presupuestos de los gobiernos, tanto en la recaudación de los ingresos como en las erogaciones, deben reestructurarse para asegurar que apoyen de manera plena la potenciación de la mujer y la equidad de género.

Los Estados han asumido compromisos de política nacional e internacional para adelantar la condición de la mujer y, en abril del 2000, 118 de ellos habían adoptado planes de acción nacional o directivas políticas para promover la equidad de género. Sin embargo, con el advenimiento de la globalización, las instituciones no estatales se han convertido en un factor cada vez más crítico en la promoción o la obstaculización del progreso de la mujer. El protagonismo cada vez mayor de la sociedad civil, del sector público, de los organismos multilaterales y de las instituciones económicas internacionales en los procesos de toma de decisiones exige que el centro de atención se desplace de los gobiernos a la gobernabilidad. La responsabilidad tiene muchos aspectos, y exige colaboraciones sinérgicas, alianzas estratégicas y la participación de muchos más interesados. Ningún agente por sí mismo puede provocar los cambios necesarios. Las alianzas y las colaboraciones basadas en la responsabilidad compartida y el terreno común, son cruciales si verdaderamente queremos alcanzar el progreso para todos. Las perspectivas para el progreso de la mujer dependen de los contextos globales, regionales, nacionales y locales. Actualmente, el fenómeno más importante que está estructurando nuestro mundo es la globalización, esto es, la integración global del comercio, de las finanzas y de la inversión, y el uso de la nueva tecnología. Los efectos de género provocados por la globalización son complejos y desiguales, aparejando nuevos riesgos y nuevas oportunidades para distintos grupos. Para que la globalización beneficie a las mujeres y a los pobres, debe dirigirse y estructurarse de acuerdo con las convenciones internacionales de derechos humanos y el consenso y los objetivos para el desarrollo alcanzados en diversas conferencias de la ONU. La capacidad de las mujeres debe fortalecerse para enfrentar con éxito a los nuevos riesgos y sacar ventaja de las nuevas oportunidades, incluyendo las nuevas tecnologías de la información y las comunicaciones. Deben crearse instituciones financieras orientadas hacia la mujer, basadas en una mayor participación y responsabilidad. Al mismo tiempo, la eliminación del sesgo de género como "distorsión del desarrollo" debe ser un objetivo central de la política pública si se quieren aumentar al máximo los beneficios para el desarrollo que brindan las nuevas oportunidades. Finalmente, se debe alentar a las empresas a comprometerse con la responsabilidad social que les corresponde, así como con la responsabilidad general en todas sus operaciones. Mediante una serie de esfuerzos conjuntos, se deben transformar los mercados, la tecnología y la política económica de modo que funcionen de manera justa y permitan que las mujeres pobres recojan los frutos potenciales de la globalización.

Equidad, Desarrollo y Paz, temas de las cuatro conferencias de la ONU sobre la mujer, son el cimiento sobre el que descansan las aspiraciones del sistema de la ONU, sus Estados Miembros y sus pueblos. Si la equidad, el desarrollo y la paz deben ser la base para la organización de nuestros sistemas sociales, entonces necesitamos gente en los gobiernos, los negocios y la sociedad civil, que fomente los valores, las políticas, las instituciones y las relaciones correctas para conformar nuestro mundo. Las colaboraciones entre los gobiernos, la sociedad civil y las empresas para alcanzar la responsabilidad social, son de enorme importancia en un mundo que se globaliza. Necesitamos prestar más atención a las normas, al liderazgo y a la toma de decisiones que puedan hacer de la globalización un auténtico apoyo al desarrollo humano y a la justicia económica y de genero.

Hay muchas cosas en juego para la mujer. Las mujeres quieren un mundo en que la inequidad basada en el género, la clase, la casta o la pertenencia a una etnia desaparezcan de los países y de las relaciones entre ellos. Las mujeres quieren un mundo en que la satisfacción de las necesidades básicas se convierta en derechos básicos y donde se eliminen la pobreza y todas las formas de violencia; donde el trabajo no remunerado de las mujeres para alimentar, cuidar y tejer la trama que sostiene a la comunidad se valore y sea compartido de manera igualitaria por los hombres; donde cada persona tenga la oportunidad de desarrollar su pleno potencial y su plena creatividad; donde el progreso de las mujeres se reconozca como el progreso de todos los seres humanos.

2.1 Potencia y economía

el progreso de las mujeres en el mundo desde mediados de la década de los 80 a finales de la de los 90, Se concentra en los aspectos económicos de la equidad de género y en la potenciación de las mujeres en el contexto de la globalización. Se toma como punto de partida la política económica enfocada desde el punto de vista del desarrollo humano. No obstante, reconociendo que los oprimidos pueden carecer del valor para escoger, desarrollarse y sacar provecho de sus capacidades, amplía el concepto de desarrollo humano para abarcar el proceso de potenciación. La potenciación de la mujer incluye adquirir el conocimiento y la comprensión de las relaciones de género y los modos en que estas relaciones pueden modificarse;

• desarrollar un sentido de autoestima, y de confianza en su capacidad para asegurar que los cambios deseados ocurran, y en el derecho a controlar su propia vida;
• lograr afianzar la capacidad de generar opciones y ejercer el poder de negociación;
• desarrollar la capacidad de organizarse e influir en la dirección que tome el cambio social para crear un orden económico y social más justo, tanto nacional como internacionalmente.

Adquirir estas capacidades exige tanto un proceso de autopotenciación, en el que las mujeres reclamen tiempo y espacio para reexaminar sus propias vidas de manera crítica y colectiva, como la creación de un entorno que posibilite la potenciación de las mujeres por parte de otros protagonistas sociales, incluyendo otras organizaciones de la sociedad civil, los gobiernos y las instituciones internacionales. Conlleva tanto el desarrollo de la propia actuación de las mujeres como la eliminación de las barreras que impiden que dichas actuaciones puedan materializarse.

Las nociones convencionales acerca del modo en que funcionan las economías ofrecen directrices limitadas para políticas que promuevan la potenciación de las mujeres y los modos de combinar la justicia de género con la justicia económica. Esto es así porque dichas nociones dejan de lado gran parte del trabajo que realizan las mujeres, especialmente el trabajo de cuidado no remunerado que las mujeres brindan a sus familias y comunidades. Las mujeres han experimentado la globalización de varias formas distintas. La globalización intensifica algunas de las inequidades e inseguridades existentes a que son sometidas las mujeres pobres, pero para las mujeres educadas y profesionales, abre nuevas oportunidades. Antes de la globalización, existía un déficit de cuidado, pero principalmente un déficit en el cuidado prestado a las mujeres, que empleaban mucho tiempo cuidando a otras personas, pero que tenían poco tiempo para ellas mismas.

Con la globalización, los hombres y los niños pueden comenzar también a experimentar un déficit en el cuidado, si las presiones aparejadas por la doble carga de trabajo remunerado y no remunerado se vuelven demasiado pesadas para las mujeres, y los hombres no asumen una mayor parte de este trabajo. Entre las consecuencias negativas de la globalización se cuenta la crisis económica en diversas regiones en los 90. Las mujeres se enfrentan al dilema de cómo reconciliar su exigencia de potenciación con su preocupación por un orden económico más justo y equitativo. La integración de la perspectiva del género debería entenderse como un proceso que provoque esa clase de transformación institucional. En particular, debería cambiar la expectativa de que las personas personas que toman las decisiones en la vida económica y política no son responsables del trabajo de cuidado no remunerado, o que pueden delegarlo a otros. Los hombres necesitan asumir una proporción más grande de los sufrimientos y los placeres del trabajo de cuidado no remunerado.

2.2 Derechos y objetivos

Los gobiernos han asumido muchos compromisos relacionados con el progreso de la mujer, expresados internacionalmente a través de los instrumentos de los derechos humanos de la ONU, los convenios de la Organización Internacional del Trabajo y los acuerdos de las conferencias de la ONU. Las mujeres están trabajando activamente para utilizar los instrumentos de derechos humanos con el fin de abordar la inequidad económica de la mujer en las distintas partes del mundo. Sin embargo, como herramientas para promover el progreso económico de la mujer, los instrumentos de derechos humanos tienen algunas limitaciones. La CEDAW, por ejemplo, declara ilegal la discrimina ción contra las mujeres, pero no aborda el fenómeno de "la igualación hacia abajo" cuando las brechas de género se estrechan pero el nivel de vida tanto de las mujeres como de los hombres desciende. El PIDESC incluye el derecho de las mujeres y los hombres a un nivel de vida adecuado, pero especifica que este derecho debe "realizarse progresivamente" por cada Estado, sin fijar ningún tipo de calendario o etapas. Los gobiernos han enfatizado nuevamente su compromiso con los instrumentos de los derechos humanos y los convenios de la OIT en una serie de conferencias de la ONU celebradas en los 90. Algunas de estas conferencias identificaron objetivos específicos y un calendario para alcanzarlos la Conferencia Internacional sobre la Población y el Desarrollo (El Cairo, 1994), la Cumbre Mundial sobre Desarrollo Social (Copenhague, 1995) y la Cuarta Conferencia Mundial sobre la Mujer (Beijing, 1995). Algunos de estos objetivos se incorporaron posteriormente en los Objetivos de Desarrollo Internacional reunidos por primera vez por la Organización de Cooperación y Desarrollo Económicos y que ahora se utilizan ampliamente como marco en la cooperación para el desarrollo.

Contemplando esos objetivos desde la perspectiva del progreso de la mujer, este informe identifica tres hallazgos clave:

• El principal objetivo: Las conferencias en El Cairo, Copenhague y Beijing acordaron todas el objetivo de cerrar la brecha de género en la educación primaria y secundaria para el año 2005. Este objetivo se identifica en los Objetivos de Desarrollo Internacional como el objetivo para progresar hacia la equidad de género y la potenciación de las mujeres.

• Los objetivos que faltan: No hay objetivos para mejorar la situación económica de la mujer o reducir la "feminización" de la pobreza.

• El objetivo olvidado: La Plataforma de Acción de Beijing reafirmó el objetivo acordado previamente por el Consejo Económico y Social de la ONU de que las

mujeres debían tener por lo menos una participación del 30 por ciento en los puestos donde se toman las decisiones. Pero este objetivo no está incluido en los Objetivos de Desarrollo Internacional.

Las organizaciones de mujeres de todo el mundo presionaron a los gobiernos en Beijing y Copenhague para que aborden la inequidad y la pobreza de las mujeres, y cambien las políticas macroeconómicas que impiden que las mujeres disfruten de medios de vida seguros y sostenibles. Los acuerdos alcanzados en ambas conferencias incluyen la aceptación de la necesidad de reestructurar y reformular las políticas macroeconómicas, pero el principal mecanismo que recomiendan para reducir la pobreza de las mujeres es mejorar su acceso al crédito. Los acuerdos en Beijing y Copenhague reconocieron la importancia del sector privado y pidieron a las empresas que apoyen a las mujeres de varias maneras, incluyendo aumentar la participación de las mujeres en la gestión y adjudicar contratos a las pequeñas empresas de las mujeres.

Los gobiernos también aceptaron alentar a las empresas a cumplir con las leyes laborales, de medio ambiente, de consumo, y de salud y seguridad, y a cumplir con los acuerdos internacionales, pero no se identificó ningún mecanismo para la responsabilidad social empresarial.

Examinando los compromisos que los gobiernos asumieron en Beijing y Copenhague, nos encontramos con una paradoja: los compromisos reflejan la expectativa de que los gobiernos sean responsables de implementar políticas para mejorar el bien-estar de las mujeres, especialmente las mujeres pobres, pero no abordan de manera efectiva los modos en los que la liberalización del mercado y la privatización pueden socavar la capacidad de los gobiernos para cumplir con estas responsabilidades,especialmente hacia las mujeres pobres. Existe la necesidad de volver a centrar la atención sobre la equidad de género y la política macroeconómica en el contexto de la globalización.

3. Análisis

3.1 La breve historia de mujeres chinas

A lo largo de más de 2000 mil años de feudalismo, las mujeres chinas sufrieron mucho de opresión e injuria, la discriminación a las mujeres afectaban a todos los aspectos sociales, así como familia, economía, educación, política y cultura, etc. Las mujeres chinas tradicionales fueron sometidas por las reglas feudales. En aquella sociedad paternalista, ellas no tuvieron la libertad de decidir su propio matrimonio, sino la de obedecer a sus padres. Al mismo tiempo, el estado familiar de las mujeres chinas principalmente dependia de si ellas podían reproducir hijos para la familia de su marido. Ser hija, esposa y madre servicial y amable consistía el lo más alto principio moral de toda la sociedad china en aquella época.

No termina la represión y discriminación de las mujeres chinas hasta el nacimiento de la República Popular China en1949. Según el Marxismo, sólo liberando a las mujeres, se puede realizar la liberación de todas las clases sociales. [5] Debajo de la dirección y orientación de esta teoría, el gobierno chino publicó y ejerción la política "La igualdad entre mujeres y hombres", y la incluyó en la Ley Nacional en el año 1954 [6] En 1950, el régimen chino publicó "Ley de Matrimonio", lo que garantiza las mujeres chinas el disfrute del derecho de la libertad de matrmonio. [7] Esta ley conlleva un sentido significativo, se consideraba como "el primer paso de destruir la sociedad paternalista feudal". La revolución agraria china de 1950 ofreció el derecho económico de ellas. Más tarde, "Ley de elección" del año 1953 estableció que las de repartir tierra a las mujeres igual que a los hombres, elevó mucho el estado mujeres

chinas tenían el derecho de seleccionar. Todas estas políticas animaron mucho a las mujeres a participarse en la construcción de economía y sociedad. Hasta1958, el número de acceso al trabajo de las mujeres llegó a siete millones, diez veces superir de 1949. El gobierno chino no sólo animó mucho a las mujeres a entrar en los sectores que tradicionalmente se considera pertenecen a los hombres, sino también garantizó "mismo salario " entre mujeres y hombres. Durante la Revolución Cultural que iniciada en el año 1966, el estado de las mujeres subió mucho surgiendo numerosas dirigentes y ejemplos femininos.

Al final de los años 70 del siglo 20, China empezó la reforma del sistema económico, a continuación, los grandes cambios de la política y la estructura social cuasaron efectosl muy profundas. Con la eliminación del sistema que el gobierno plantea y el controe al acceso al trabajo, el ingreso de las mujeres (entre toda la familia) subió desde 20% de los años 50 hasta el 40% de los mediados 90. La independencia económica de las mujeres chinas les ofreció más derecho a tomar decisión. Al mismo tiempo, la educación tuvo un desarrollo muy grande después de la reforma. La analfabetismo femenino bajó del 90% de 1949 hasta un 32% de principios de los años 90; en la misma época, el acceso a la educación primaria de las chicas se elevó desde un 20% hasta el 96.2%.

Sin embargo, con la disminución de la función de proteccionista del gobienro y la ampliacón del mercado, las mujeres chinas todavía están en un segundo lugar durante la reforma y apertura. Para las mujeres es más fácil estar en paro que para los hombres, entonces, el 70% de los desemplos urbanos son mujeres. Para resolver una serie de problemas de paro, en la sociedad surgío la ola "deja a las mujeres volver a casa". Al mismo tiempo, la reforma dejó a las mujeres concentradas en los sectores de labor intenso, y bajo salario. Según las investigaciones el salario de las mujeres en 1991 fue la mitad que el de los hombres; hasta 1994, se redujo hasta un 42%. Después de la reforma, las mujeres ocuparon menos altos puestos en el gobierno. En 1973, un 10.3% de los miembros del comité central del Partido Comunista China, fueron mujeres, en 1982, se redujo hasta el 5.2%, hasta 1992, subió un poco, con un 6.4%.

Además, las mujeres deben soportar la doble carga familiar y del trabajo. Se calcula, que cada día las mujeres hacen entre 2 y 3 horas más dedicación a haceres domésticos que los hombres, la violencia contra las mujeres ya es un problema social muy grave.

Aunque el estado económico y social de las mujeres chinas se ha elevado mucho durante estos años, sin embargo, la discriminación sexual todavía existe. Queda un largo camino para realizar "La equidad " de género.

3.2 La revista "Women of china"

"Women of china" es una revista con larga historia, y gran importancia entre las mujeres china. Se nació en1939, en la sede de la revoluciónde de Mao Zedong, Yan An. En aquel entonces, su fin fue animar a las mujeres a participar en la revolución, perteneció al comité de las mujeres chinas. Mao Zedong dio mucha atención a esta revista, en su primera edición escribió una poesía, y posteriormente, dos veces firmó con su nombre en *Women of China*.

En sus comienzos, *Women of China* psasó dificultades. Los redactores vivieron cueva, escribieron con la luz de las velas. Muchos dirigentes de la Revolución China y del Partido Comunista China y vanguadias de la época redactaron artículos para la revista. Se publicaron dos editoriales políticos de Mao Zedong que denunciaron los delitos fascistas, animaron muchos el concepto de libertad, equidad, independencia en los corazones de las mujeres chinas.

Después de crear la República Popular China, la revista cambió su nombre como "New Women of China", y en 1956 volvió a usar su nombre original "Women of China". Durante los años 50 y 60 del siglo pasado, la revista lideró una seire de debates como "Para qué viven las mujeres", "El criterio de elegir un amante", etc. que causaron gran influencia en la sociedad, lograron la participación de miles de lectores.

La Revolución Cultural china de 1966 a 1976, obligó a "Women of China" a sufrir una suspensión de 10 años, fue un duro golpe en su historia. Al terminar la Revolución Cultural, en julio de 1978, volvió a publicar otra vez.

"*Women of China*" se concentra en el desarrollo de la mujeres chinas, propaga el espíritu independiente, se publican las biografías de las mujeres ejemplares de la sociedad, describe la vida y sentido de las mujeres durante los cambios de época, por lo que   tiene una gran importancia entre las mujeres chinas. Durante los 80 y 90, "Women of China"abrió otro circulo de discusión, como "Destino de las mujeres", indicó que "necesitamos reestructurar", propuso liberar el pensamiento. Al mismo tiempo, propagó con mucho esfuerzo la "Nueva Ley de Matrimonio", celebró concursos de conocimiento para las mujeres, elegir los héroes en la nueva época, etc, recibió muchos elogias de los lectores, Su tirado mensual iba más alla de millón de ejemplares.

"Women of China" es una revista que reune muchos famosos y las vanguardias del femenismo chino, así como Sheng zijiu, Dong Bian fueron editorialistas generales. A lo largo de 70 años de historia, numerosas mujeres chinas trajaban para ella.

Al final de los años 90, "Women of China" mejoró sin cesar. En 1999, cambió en quincenal , y con colores. El contenido, en primer lugar, se trata del desarrollo de la mujeres chinas, y sus cuentos, la salud de psicología y física, las palabras clave son "crecimiento, triunfo y alegría". Incluye varias secciones: imagen, profesión, psicología, matrmonio y familia, educación familiar, vida; en segundo término incluye: asistente jurídico, matrimonio y familia, protección de los derechos laborales, saludable, consumo y gestionar finanzas.

Como un medio de comunicación oficial del gobierno chino, se encarga de propagar la orientación, línea y política del gobierno chino, la Ley nacional de "Igualdad entre mujeres y hombres" y el concepto de mujeres del Marxismo, al mismo tiempo, de publicar los avances y triunfos de las mujeres, orientar sus trabajos, transmitir las informaciones sobre asuntos de mujeres de diferentes lugares. Juega un importante papel en las organizaciones nacionales.

El lema de "Women of China" consiste en: presentar a las mujeres a la sociedad, al mismo tiempo, presentar la sociedad a las mujeres.

"Women of China" durante sus 70 años de desarrollo. Ha conseguido grandes éxitos. En 1998, recibió el premio de "Una de los cien más importantes publicaciones nacionales de China"; en 2003 "Segundo Premio de edición nacional"; 2005 "Tercer Primer de edición nacional".

En los inicios de la República Popular China, los extranjeros no conocían mucho sobre las mujeres chinas. En su cabezas, las imágenes de las mujeres chinas se correspondían con gran represión feudal, y vendaje de pies chinos [8] , matrimonio concertado. [9] Debajo de esta situación, la Federación Nacional de China decidió que "Women of china" difundiera las noticias sobre la liberación de mujeres chinas, incluye los éxitos conseguidos y la mejora de la vida infantil.

Debido a que al principio de la R.P China los extranjeros tenían pocos medios de conocer a las chinas, entonces "Women of China" publicada por La Compañía General de Importación y Exportación de Libro de China recibió muchas demandas de los lectores extranjeros, llegar ael tiradas mensuales hasta 60 mil ejemplares. Después de la reforma y apertura del año 1978, con la subida de los medios de comunicación, "Women of China" debería renovarse para abrirse a la competitividad del mercado. A partir de los mediados de los años 80, la revista empezó a incluir publicidad. Sus lectores se extendieron poco a poco, incluyendo funcionarios, expertos, organizaciones, y los lectores extranjeros que estudiaban y trabajaban en China, y los lectores nacioales, etc. En la actualidad, "Women of China" se publica hasta los 130 países y regiones de todo el mundo, el tirado mensual es de 150 mil ejemplares. La revista no sólo depende de la publicación de La Compañía General de Importación y Exportación de libro de China, sino también, ha construído su propia red de venta. Posteriormente, nacieron la edición "Women of China" para el exterior que se dividía en dos versiones, chino e inglés. Su versión inglesa es la única inglesa nacional de mujeres chinas que se publica hacia todo el mundo. Consiste en un importante medio para que los lectores nacionales e internacionales conozcan las informaciones de las mujeres chinas en el sector político, económico, cultural y social. "Women of China" tiene como principal objeto transmitir la cultura china antigua y actual, presentar el concepto y la situación real de las mujeres chinas, redactar completamente la historia, actualidad, desarrollo, éxito, la vida interesante de mujeres que vienen de diferentes étnia y los problemas que afectan a las mujeres. Ayuda a las mujeres chinas a caminar por el mundo, al mismo tiempo, ayuda al mundo a conocer a las mujeres chinas.

3.3 Selección de muestra

Entre todos los artículos que se relacionan con los Juego Olímpicos de Beijing, 2008, Expo de Shanghai, 2010, y Asia Game de Guangzhou 2010, se elabora una tabla para presentar las informaciones cuantitativas. Incluye qué meses contienen informaciones relacionadas, el número de los artículos y entre ellos cuántos son de deportistas, voluntarias y trabajadoras respectivamente.

Los tres festivales mundiales se celebran en:

● Olímpicos: desde el día 8 de agosto hasta 24 de agosto de 2008,

● Paralímpicos: desde el día 6 de septiembre hasta 17 de septiembre de 2008

● Expo Shanghai: desde el primer día de mayo hasta 31 de octubre de 2010

● Asia Games Guangzhou: desde el 12 hasta 27 de noviembre de 2010

En concreto, a continuación, esta tabla va a presentar los meses que publican artículos relacionados y cuántos artículo se hacen en cada uno (incluye texto y foto)

En 2008, Los Juegos Olímpicos de Beijing

	Enero	febrero	marzo	abril	mayo	junio	julio	agosto	septiembre	octubre
Texto	1	1	3	5	6	5	8	2	2	1
Foto	4	4	7	19	16	28	10	26	36	21

En 2010, Expo de Shanghai

	abril	mayo	junio	julio	octubre
Texto	1	2	3	1	2
Foto	1	16	15	2	10

En 2010, Asia Game de Guangzhou

	Diciembre
texto	4
Foto	23

Según las tres tablas, se puede ver que la fotografía juega un papel muy importante en los artículos, incluso los textos son menos que las fotos. Como la parte más visual y llamativa, en las revistas se usan   numerosas fotos para activar el contenido y mejorar el efecto visual. Además, los tres festivales mundiales, gozaran de una inauguración fantástica que es una buena oportunidad de expresar el espíritu, capacidad, poder del país anfitrión, incluyendo muchos elementos políticas, culturales y objetivos de este país. Por lo tanto, tres inauguraciones, cada una ocupa dos páginas enteras, consisten en las más grandes fotos entre todas. (Véanse foto 1, foto 2, foto 3, foto 4, foto 5 y foto 6). Además, las fotos de gran tamaño que ocupan una página entera, incluso como la portada (foto 7) también se ve muchas veces en los artículos elegidos, generalmente estas fotos son de protagonistas(deportista foto 7 y foto 8, funcionaria foto 10, presentadora foto 9.) Llas mujeres significativas en la sociedad.

En cuanto a la distribución de los meses que publicaron informacIones relacionadas (desde enero hasta octubre de 2008; abril, mayo, junio, julio, octubre y diciembre de 2010), por una parte, depende mucho de la fecha definida de la celebración de cada uno; por otra parte, también según la duración de la atención ofrecida por la revista y el número de fotos y textos, se puede ver la diferente importancia de cada uno. Por supuesto, Los Juegos Olímpicos de Beijing de 2008 es lo más importante durante diez meses enteros de 2008, cada mes se publicaron varias informaciones; y Expo de Shanghai ocupa el segundo lugar durante cinco meses; y el último Asia Games sólo duraba un mes.

En cada periodo de los tres, los artículos relacionados principalmente se dividen en tres partes según el sector laboral de su protagonista, los esfuerzos que se ofrecieron y se sirvieron para los festivales. Entre los tres, dos son acontecimientos deportivos, entonces, las deportistas son protagonistas; y como una parte muy importante imprescindible para cualquier asunto mundial, los voluntarios formaron una parte llamativa y activa, muchas veces, ellos presentan mejor el espíritu de un país, son las caras impresionantes de una ciudad e incluso una población; además, son tan importantes acontecimientos mundiales los que celebra el país, que las personas normales que pertenecen a diferentes sectores laborales, clases sociales, diferentes edades y lo que hacen ellos para las celebraciones de su país, también conforma un objeto de investigación.

A continuación, se elaboran unas tablas para analizar la distribución en deportista, voluntaria y otras que incluyen trabajadoras normales, artistas, diseñadoras, funcionarias, aduaneras en 2008 y 2010.

Olímpicos de 2008

	ero	febrero	marzo	abril	mayo	junio	julio	agosto	Septiembre	octubre
deportista		1		3	2	3	2	1		1
voluntaria				3		1	1	1	1	1
Otras	1	1	1		1	2	3	1	1	

Expo Shanghai 2010

	Abril	Mayo	junio	julio	octubre
deportista					
voluntaria		1			1
Otras	1		2	1	1

Asia Games Guangzhou, 2010

	diciembre
deportista	1
voluntaria	2
otras	1

Las tres partes también son las que va a analizar principalmente este trabajo. Según los datos, se ve una panorama muy completo de una sociedad desde la perspectiva de las mujeres. Deportista es el primer protagonista, eso se determina por la esencia de la competición Olímpicas y Asia Games. Las voluntarias sirvieron para los tres festivales, el 98% eran estudiantes universitaria, ellas eran de la generación que 80 o 90, como una "generación Nueva", la "generación de hijo único", una generación que reciben muchas discusiones y críticas dentro y fuera de China. Y "otras" que incluye todas las mujeres que participaron en los festivales mundiales además de deportistas y voluntarias. Entre ellas, salían imágenes de trabajadoras de mascota oficial, madre de la campeona, jubiladas, diseñadores de antorcha, productora de teatro para la inauguración, alta funcionaria, grupo de danza, presentadora de TV, mujeres de otra etnia, etc. Es una parte también muy importante, nos abre una ventana amplia por la que se puede ver a las mujeres normales de la sociedad china, una imagen más activa, completa y verdadera.

Dependiendo del proceso organizado de cada festival, en cada periodo, la proporción que cada parte ocupa es diferente. En los meses que se estaban celebrando, todos son informaciones actuales, por ejemplo durante el año 2008, septiembre y octubre, aunque cada mes sólo tenía un artículo sobre deportista, el de septiembre se llama "Golden Moments" disponía de 10 páginas para representar los momentos triunfales de las deportistas chinas en el mes anterior. Y las demás informaciones relacionadas publicadas antes de empezar la competición estaban debajo de dos líneas: recorrido de antorcha, selección y tratamiento de voluntarios. Debajo de estas dos líneas, incluye los reportajes sobre los personajes surgidos durante el recorrido de antorcha, así como las deportistas retiradas por una herida incurable (Sang Lan), la campeona de Atenas de 2004 (Luo Xuejuan), la chica de discapacidad que protegió la antorcha con su propio cuerpo en Paris (Jin Jing), las mujeres significativas que tenían historia con Olímpicos, la primera presentadora en TV china (Yang Lan), cada una conllevaba un mayor extensión de texto, y gran tamaño de fotos. La línea de voluntarias también forma una parte importante durante todo el periodo, al terminar la selección de los voluntarios al final de marzo de 2008, en los posteriores meses, siempre consistió en un tema consistente e importante. Los duros tratamientos fisicales (forma de andar, sentar y hablar), practicar inglés, servirse dentro o fuera de los pabellones, etc.

En Expo de Shanghai de 2010, no salieron las imágenes de deportistas, sin embargo, otro grupo consistió en protagonista nuevo además de voluntaria, son trabajadoras artísticas. Se presenta otro lado de las mujeres chinas, ellas son productora de teatro, bailarina y cantante, e incluso había un equipo de danza, todas ellas eran discapacitadas, ellas trabajaban, bailaban, hacían sus esfuerzos para la Expo, para que el mundo conozcan la excelente cultura China, su valor y esperanza de la vida y del futuro de un grupo especial de las mujeres chinas.

En Asia Games, también apareció reportaje sobre personaje que transfería antorcha, esta vez, su protagonista fue la misma chica que hace 20 años cogió la llama sagrada para la Asia Games de Beijing de 1991. Su importancia no sólo reside en ser la misma persona, sino también por su etnia, es decir, es una chica tibetana. Sobre el sentido más profundo de eso, más tarde, se va a analizar.

3.4 Análisis

Todos los artículos elegidos entre enero y octubre de 2008, abril, mayo, junio, julio, octubre y diciembre de 2010 que se relacionan con Olímpicos de Beijing, Expo de Shanghai y Asia Games de Guangzhou, hacen un en total de 45 textos y 228 fotos. Entre ellos, basando en la diferente profesión laboral, se dividen en tres partes: deportista, voluntaria y otras que trabajan en los sectores para garantizar el funcionamiento de los festivales mundiales. A continuación, se va a hacer el análisis concreto de cada parte, por medio de los artículos originales en inglés, se va a duscubrir el sentido más profundo que está detrás de las palabras, los objetos comunicativos, políticos del régimen y las imágenes que quiere construir el gobierno chino a través de su única revista oficial femenina para el exterior aprovechando las excelentes oportunidades de toda su historia, y los motivos.

Cada artículo quiere construir una imagen de las mujeres chinas con sus textos y fotos; muchas veces, varios artículos construyen la misma imagen juntamente. Cada imagen es una concentración de un carácter personal que tanto corresponde a la tradición china, su cultura y su filosofía social así como las demandas nuevas de la época actual. Entonces es una mixtula de tradición , modernidad, positividad y apasionamiento. En general, se crean algunas imágenes por medio de los artículos: Triunfo y compromiso, honor y patria, cooperación y participación , integración y minorías, mujeres y liderazgo, superación y talento.

3.4.1 Deportistas

Debajo de este tema, los análisis se basan principalmente en triunfo, compromiso, honor, patria, cooperación, superación, etc. las palabras claves en las que se determina la esencia de la competición deportiva. Los textos que se van a usar son los siguientes:

1."Women Athletes Prove Metal in Medal Hunt" de mayo de 2008 (Anexo 1)

2. "China´s women athletes hope to rule in home turf" de agosto de 2008 Anexo 2)

3. "Golden Moments Chinese Women Fulfill Dreams in Beijing" de septiembre de 2008 (Anexo 3)

4."Different Games, Same Brillance!" de octubre de 2008 Anexo 4)

5. Dos páginas de fotos que representan los triunfos conseguidos por las deportistas chinas en Asia Game de diciembre de 2010. (Anexo 5)

6. "Reaping Rewards of Rigorous Regimen Chen cites Mother´s support for Olympic success" de junio de 2008. (Anexo 6)

7. "Torchbearer a Bright Light for China former disabled athlete Protects Olympic torch" de junio de 2008. (Anexo 7)

8. " Sang Lan never gives up dream" de marzo de 2008. (Anexo 8)

9. "First Chinese Torchebearer of Beijing Games" de mayo de 2008. (Anexo 9)

Aquí, triunfo se refiere principalmente a los éxitos y victorias que consiguieron las deportistas en Olímpicos de 2008 y en los anteriores. En realidad, triunfo es un tipo de compromiso de los deportistas con su patria y con su propia profesión. Durante las competiciones deportivas, ellas cooperaron con sus compañeros, superaron diferentes dificultades, al final lograron gran honor.

Antes de hacer el análsis sobre "triunfo" de Juegos Olímpicos y Asia Games, en primer lugar, hace falta presentar la historia y proceso de desarrollo de cada uno. Los Juegos Olímpicos esperaran un largo tiempoantes de entrar en China hasta obtener algunos éxitos. En 1894, cuando se preparó la primera Olimpiada, se envió la invitación a China, en aquel entonces, la Dinastía Qing (1636~1911) que gobernaba este país, por falta de conocimiento lo rechazó. En los años posteriores, los periódicos y revistas publicaron artículos para presentar los Juegos Olímpico, incluso, los intelectuales recomendaron que China construyera su propio equipo para participar en esta competición mundial. Después de Los Juegos Olímpicos de Londres de 1908, un periódico de Tian Jin (ciudad al lado de Beijing) presentó la historia de Los Juegos Olímpicos otra vez, al mismo tiempo, propuso que intentara celebrar este festival mundial en China y una serie de seminarios sobre este tema. Durante el 18 y 22 de agosto de 1910, con la animación de la celebración Olímpicos lo antes posible en China, en la ciuadad Nanjing celebró la primera competión deportiva nacional de la historia china. 1913, celebró a

Los Juegos del Lejano Oriente [10] , fue la vanguardia de Los Juegos Olímpicos en Asia, China es uno de los fundadores. 1915, el comité de Juegos Olímpicos reconoció

al Comité de los Juegos del Lejano Oriental, y invitó a China a la próxima asamblea del Comité. 1922, Wang Zhengting fue el miembro del Comité Internacional de Juegos Olímpicos. En 1928, en el novenos Juegos Olímpicos, China mandó a su representante oficial Song Ruhai a investigar. Posteriormente, en 1931, China participó en la historia de Olímpicos.

En 1932, un grupo chino con seis personas fueron a Los Ángeles para los décimos Olímpicos.

En 1936, undécimos Olímpicos celebran en Berlín. China mandó a un grupo con 140 personas, entre ellos, 69 fueron deportistas para participar en baloncesto, fútbol, natación, atletismo, halterofilia y bicicleta, etc. Además, el grupo de arte marcial que sorprendió mucho a Europa.

1945, al obtener la victoria de la guerra China- Japón, el miembro del Comité Internacional de Los Juegos Olímpicos Wang Zhengting, y los intelectuales chinos pidieron que Los Juegos Olímpicos de 1952 a celebrara en China, lo que animaría mucho a todo el país.

1948, la décimocuarta Olimpiada de Londres. Chian envió 33 deportistas masculinos a participar en baloncesto, fútbol, atletismo, natación y bicicleta, sin embargo, nadie insistió hasta el final.

1952, la décimoquinta Olimpiada de Helsinki, China recibió la invitación muy tarde, por lo tanto sólo reparó un grupo con 40 personas. Sin embargo, cuando llegaron a Helsinki,

ya estaba finalizando los Juegos Olímpicos, sólo Wu Chuanyu participó en cien metros espalda.

China no volvió a las olimpiadas hasta febrero de 1980, 13 Juegos Olímpicos de Invierno por la discrepancia política sobre el problema de Taiwan con la sociedad Internacional y el Comité Internacional de Juegos Olímpicos.

Julio de 1984, la vigésimotercera Olimpiada en Los Ángeles, el Comité Nacional de Juegos Olímpicos de China mandó un gran equipo para esta celebracion deportiva. Dispuso de 225 personas, participaron en todos los sectores además de fútbol, boxeo y equitación. El grupo chino en el primer día después de la inauguración llamó la atención, Xu Haifeng ganó en el tiro de pistola la competención, fue la primera medalla de oro de aquel los Juegos Olímpicos, también rompió el "cero" en la historia de Juegos Olímpicos en China. Al final, los deportistas chinas conseguieron 15 medallas de oro, 8 de plata, 9 de bronce, ocupando el cuarto lugar en en Ranking de medallas de oro.

1991, Beijing entregó la socilitud de celebrar los Juegos Olímpicos de Verano de 2000, sin embargo, a falta de dos votos fracasó.

2000, en los Juegos Olímpicos de Sydney, China estaba ocupando el tercer lugar del Ranking de medallas. Significaba que China había avanzado mucho y empezaba a ser un país con alto nivel deportivo.

1999, el gobierno de Beijing volvió a solicitar los Juegos Olímpicos de 2008, a las 10 y 10 minutos de la noche del 13 de julio de 2001, Beijing ganó la oportunidad de celebrar la vigésimonovena Olimpiada.

China había sufrido mucho en el camino de los Juegos Olímpicos. Es un país que tiene poca historia olímpica, en realidad, desde 1984. En los Juegos Olímpicos de Los Ángeles, Xu Haifeng ganó la primera medalla de oro hasta hoy, dentro el últimos Juegos Olímpicos de Beijing de 2008, sólo en 24 años, China desde "cero" llegaba a ser uno de los países con más medallas de oro. Los enormes esfuerzos ofrecidos por los deportistas y entrenadores son increíbles. Y los triunfos elevan mucho la imágen internacional de China, refuerza la confianza propia de la población china, y el gran honor nacional. Además, las personas normales ya han empezado a asimilar los conocimientos olímpicos y su espíritu transmitidos por el país que es el tercer más grande país y con la mayor población del mundo. Debajo de la animación de este espíritu, cada día más gente hace deportes y lo combia en una costumbre diaria. Tan importante la función de los triunfos, ha sido la realizada por las deportistas femeninas, en "Women Athletes Prove Metal in Medal Hunt" de mayo de 2008", cuatro meses antes de celebrar el Juegos Olímpicos de Beijing, "Women of China" repasó los momentos olímpicos de oro en la historia que especialmente pertenecen a las mujeres chinas.

El 2 de agosto de 1984, en Los Ángeles, Wu Xiaoxuan fue la campeona de 50 metros rifle de 3 prosiciones de mujeres, también fue la primera deportista femenina china que ganaba una medalla de oro; el 27 de julio de 1992, en Barcelona, Fu Minxia consiguió la medalla de oro de 10 metros de mujer en plataforma de buceo; el 28 de julio de 1996, en Atlanta, Wang Junxia en los 5000 metros; el 21 de septimbre de 2000, Sydney, Liu Xuan la campeona mundial de equilibrio; el 20 de agosto de 2004, Atenas, Wang Nan y Zhang Yining, campeonas de Pingpong, 28 de agosto del mismo año, el grupo de voleibol femenino ganó a las rusas, recibió la medalla de oro. Desde 1984 cuando la República Popular China dió su primer paso verdadero hacia los Juegos Olímpicos, en adelante, las mujeres chinas siempre sorprendieran al mundo, con sus perfectas capacidades y consistentes esfuerzos probaron su firme compromiso con su patria y su ofrenda para la población.

Se trata de un reportaje de fotos, se presentan seis momentos triunfales en Los Juegos Olímpicos de 1984, 1992, 1996, 2000 y 2004. Las victorias siempre vienen acompañadas con sonrisa, alegría y emoción. La foto de Wu Xiaoxuan presenta a una mujer con la pistola, cien por cien con su atención hacia adelante, la calma salía por su cara. En aquel entonces, en los años 80 del siglo 20 fue una época muy dura, tanto en economía como en técnics de entrenamiento. Debajo de las situaciones tan difíciles, una deportista china normal podía romper el recórd mundial y abrió una nuevo periodo para las deportistas femeninas chinas en Olímpicos y en otras competisiones internacionales. La otra de Fu Mingxia, de 10 metros de plataforma de buceo, según la foto, se ve casi con una perfecta acción, otra deportista china sorprendió al mundo y encontró un espacio en este deporte. En 1996, la foto de Wang Junxia que es la campeona de 5000 metros de ejecución se presenta en el último momento cuando ella pasó la línea final antes de las demás, con la bandera nacional de China, caminó lentamente por el campo saludando a sus compañeros y a los espectadores. En su cara, se ve una sonrisa natural y calma. La bandera roja se movía con el viento, ella cumplió el compromiso con su país, ganó el honor y respeto para su patria. En aquel momento, toda la población china estaba honrada y emocionada con ella, ella abrió otro nuevo campo deportivo. En 2000, Sydney, Liu Xuan la campeona mundial en equilibrio, apresenta en el momento que estaba termiando su acción, es un momento perfecto, ella como un pájaro volando en el cielo, su cara es una sonrisa inocente y confiada. En 2004, Atenas, el grupo femenino de pingpong probó el mito de que China es el campeón de Pingpong del mundo, no sólo masculino. Después de unos días, el equipo de voleibol de mujeres llevó otra buena noticia, ganó al equipo ruso y se convirtió en la campona mundial por primera vez en este nuevo campo. Se ve a sus jugadoras y entrenador muy alegres y emocionados gritando y saltando. Ellas presentaron el espíritu de cooperación y firme corazón, podían sobrepasar todas las dificultades e imposilidades.

"As the Beijing Olympico Games approach, we will recall, with our readers, some of the most exciting moments when China's women athletes excelled at the world's grandest aporting event....The gold medallists in the past games, like heroines, are encouraging today's athletes, who are preparing to participate in the gran event, to continune China's Olympic success."(Texto 1)

Los momentos triunfales son para animar a los deportistas que estaban preparándose para participar en las Olímpiadas y continuar la victoria de China. Sin embargo, se pulicó este "reportaje de triunfo" 4 meses antes de Los Juegos Olímpicos, no sólo para animar a los deportistas. Como es una revista principalemente para los lectores extranjeros también por para llevar a los lectores a repasar la historia de las deportistas chinas y las olimpiadas . Cuenta cómo en tan corto tiempo, China desde cero mejoraba sin cesar con el gran esfuerzo de sus deportistas mujeres, naturalmente sus imágenes saltan del papel, ellas saben bien esforzarse sin cesar, con alta capacidad para lograr gran éxito en campos nuevos; avanzar muy rápido, con espíritu de grupo, sobrepasando las dificultades; competir para el honor de su país y su pueblo.

"Golden Moments Chinese Women Fulfill Dreams in Beijing"(Texto 1) que se publicó en septiembre de 2008, acababan de terminar los Juegos Olímpicos en agosto. Según su título principal *"Golden Moments"*, más *"Specil Report"* se presenta la notable importancia. En el subtítulo *"Chinese Women Fulfill Dreams in Beijing "*.

"*Golden Moments*" más "*Fulfill dreams*" nos da cuenta de la alegría y buena nota que habían sacado las deportistas chinas. Se trata de un reportaje totalmente repleto de "Golden Moments", y los triunfos conseguidos por las deportistas chinas en la nueva competición deportiva. En algunos campos ellas mantuvieron la medalla de oro, en muchos otros nuevos campos ellas abrierion un recórd en la historia. Como se celebró en Beijing, la capital de China, la primera vez en la historia, entonces el significado es importantísimo y especial, ellas hicieron más grande esfuerzo en las competiciones y lucharon por el honor de la patria. Como lo que dice en el subtítulo de

> "*For the past month, 13 billon chinese people shared the joy as they witnessed a 100-year dream come true- Beijing hosted the world's grandest sporting event. The athletes, who challenged themselves in the various sports events during the 2008 Beijing Olympics, were the focus of spectators from around the world.*
>
> **Of the 639 chinese athletes who participated in the games, 312 were women, and they won 27 of china's51 gold medals**, *in this issue, women of china will highlight some of the athletes'golden moments.*"
>
> "*They witnessed a 100-year dream come true...they* **challenged themselves**...", (Texto 1)

A través de estas dos párrafos se puede ver los caracteres de los deportistas chinas igual que los demás deportistas de cualquier país, se esfuerzan, con mucho valor a recibir los retos en su profesión, sin ningún miedo ni vacilación.

Según los datos registrados relacionados con las mujeres deportistas, se sabe que tanto el número de las deportista chinas participantes como las medallas de oro conseguidas por ellas ha sobrepasado la mitad del número total. Es un éxito enorme, las deportistas chinas con su propio esfuerzo y avances probaron a su población y al mundo que ellas eran un grupo fuerte con un espíritu persistente. Entre ellas, algunas eran muy jóvenes sin ninguna experiencia de Olímpicos, otras fueron campeona mundial desde hace cuatro u ocho años, y también había una recién casada o nueva madre, además, unas venían del fracaso en los anteriores olímpicos, y esta vez ellas llegaron a realizar su sueño olímpico, etc. va a analizar las imágenes de cada personaje otro artículo (Texto

3) .

"*Chen Xiexia strikes first gold for china*" (Texto 3) ella ganó la primera medalla de oro para China en Beijing. Al mismo tiempo rompió tres recórdes mundiales. Después de ganar, ella animó a sus compañeros con "*An excellent start*". El levamantmiento de pesas de 48-kg fue un nuevo deporte recién añadido en los Juegso Olímpicos en 2000, cuando no había deportista china que participara. Cuatro años después en Atenas, Li Zhuo, ganó la medalla de plata. Sin embargo, en 2008, ella convirtió en la campeona mundial, durante sólo 8 años. China desde cero ascendía al primer lugar en ese campo. Se puede imaginar qué esfuerzo había desarrollado, qué entrenamiento había hecho, qué dificultad había sufrido. Ella, una chica normal que nació en un pueblo de la provincia Guangdong, empezó el entrenamiento de levantamiento de pesas, cuando solo tenía 8 años. Según su entrenadora, Chen es una chica "*very shy and she sometimes felt nervous, would sing to relax*", tiene un horario reglado. 28 día antes de la competició, Chen se herió en el muslo por lo que mucha genta estaba preocupada, y consideraron el triunfo de Chen como " *Dramatic fortune*", según ella misma "*I did not think too much, to be honest... I did not feel any pressure when I as competing on our land. To perform each single move well was my most important duty.*" "*she was grateful for all the spectators who kept encouraging, for the teammates who supported her*", "*she wants to share her victory with her parents and the residents of her hometown, she only returned home there times over the past 1o years... *" (Texto 3)

Después de leer estas frases elegidas del artículo, se conoce una imagen de que una chica china normal. Desde muy niña empezó a dedicarse al entrenamiento de levantamiento de pesas, después de muchos duros entrenamientos, dificultades y sufrimientos, se convirtió en una deportista con alta capacidad profesional, buen espíritu de cooperación en grupo. Frente a la presión y dificultad sabe muy bien controlarse con su plena calma y valor. Obteniendo gran fama, humilde, sin ningún orgullo, ofrece su agradecimiento a sus compañeros y las personas que la apoyan, consigue este honor para su país, para sus padres y su pueblo natal sólo por el enorme amor y responsabilidad que conlleva desde los inicios. Avanzar siempre para el honor de la patria sobrepasando todas las dificultades físicas y de la vida diaria es el lema de esta joven deportista china.

"Guo Wenjun dedication, hard work leads to success" (Texto 3). Ella es la segunda deportista que ganó medalla de oro en Beijing Olímpicos en "women´s 10-metros air pistol event". Una foto adjunta suya con la medalla de oro y un ramo de flores, está sonriendo *"she smile beautifully and calmly"*. Detrás de esta sonrina tan calma, tan bonita, se esconde otro lado de su vida, como la que describe el título "Hard work", estas dos palabras encierran una larga historia personal de la campeona.

"Her parentes divorced when she was very young, and his father disappeared from her life when she was 14, around that time, Guo began shooting. Guo regularly failed to participate in important competitions, in 2003, she ranked ninth in china´s fifth national city game, but she quit shooting to earn a living by selling clothes …finally, in 2005, she came as a professional shooter. She is very young, and cried when she could see her mother or friends, and she announced, several times, her plans to quit the team." (Texto 3)

Una joven en sus pocos años de vida ya ha sufrido mucho, el divorcio de sus padres, y la desaparición de su padre, fracaso en las competiciones importantes, e incluso abandonó de su profesión para ganarse la vida. Después de entrar en el equipo nacional, por las experiencias personales anteriores, la pobre, frágil y sensible chica que lloraba por falta de protección y compañía de familiares y amigos (hasta declaró que iba a retirarse). Con la ayuda de su entrenador y sus compañeros del equipo, sobrepasa todas las dificultades. Todo ello unido a su talento lograron esta gran gloria.

Ella es un ejemplo de una parte de deportistas chinas. Ellas son muy jóvenes, con una historia personal triste que afecta mucho a la vida posterior. Con la ayuda de sus jefes, entrenadores y compañeros del equipo, ellas se crecen poco a poco, son cada día más valientes, independientes y desarrollan con alto talento profesional. Este artículo sobre

Guo Wenjun no sólo nos presenta el cuento, los caracteres de la campeona, sino también, desde sus agradecimientos *"I feel grateful for my coaches, leaders and teammates, who helped me gain today's glory"* (Texto 3) los lectores pueden traducir la imagen de los equipos nacionales. Y el proceso de cómo los entrenadores y dirigentes ciudan y forman a los jóvenes deportistas.

"Guo Jingjing and Wu Minxia, unbeatable pair"(Texto 3) Es un grupo de oro que ganó la medalla de oro en 2004, Atenas, y tres veces campeón mundial. En 2008, Beijing, igual que antes, conseguieron la gloria. Por lo tanto, la gente dice que Guo y Wu "unbeatable pair" de 3 metros plataforma de buceo. Sobre todo, la consideran Guo como "diving queen ". Tan famosas campeonas del mundo, en su vida profesional, han obtenido excelentes éxitos, detrás de este gran honor, cada persona tiene su historia que nos presenta otra parte de la gloria.

Guo, con 26 años, desde muy pequeña empezó a dedicarse en plataforma de buceo de 3 metros, En 1996, cuando tenía 15 años representó a China en los Juegos Olímpicos de Atlanta. Desafortunadamente, fracasó por falta de experiencia y poca edad; en 2000, en Sydney después de cuatro años de mejorar y práctica, al final, obtuvo la medalla de plata; sin abandonar, en 2004 Atenas, probó su capacidad ante todo el mundo. Como ella dice *"I felt it was really hard for anyone to particiopate in the Olympics three tiemes, especially for the girls on China's diving team, and it was even harder to win a gold."* (Texto 3) Tres oportunidades mundiales, las primeras dos veces fracasó, la presión fue enorme, no sólo venía de sus rivales nacionales e internacionales, sino también del límite de su edad. Lograr la gran gloria es difícil, sin embargo, mantener esta gloria es más difícil. Según las descripciones de Guo, se puede definir su imagen como una la de una chica desde hace mucho tiempo comenzó la práctica de buceo. Talento más diligencia, con rapidez, ella se consistió en una deportista con mucha potencia, sin embargo, por edad y falta de experiencia de vida y profesional. En 1996 y 2000 no podía llegar a ser la campeona. Bajo gran presión, con una firme convicción interior, confianza en sí misma, por fin, en sus terceros Juegos

Olímpicos, ella realizó su sueño, y desde aquel entonces, ascendió al momento pleno de su profesión. Durante 4 Juegos Olímpicos y numerosas competiciones nacionales e internacionales, Guo se ha convertido en una deportista madura, calma, con nivel alto de capacidad profesional. Al mismo tiempo, para llegar a la perfecta cooperación con su compañera Wu, ella le enseñó mucho, la animó y la aconsejó con sus propias experiencias personales. Como Wu dice *"I consider her my elder sister. She has more experience, and I can learn a lot from her. She´s always ready to help. She´s a role model for me."* (Texto 3)

"Xian Dongmei Mom athlete´defens title" (Texto 3), ella fue la campeona de en Judo división 52 kilogramos de Beijing. Al mism tiempo, fue la primera deportista china que ganó la medalla de oro en Judo), y la primera campeona mundial china que ya ha sido madre. Xian, de 33 años, en 1987 empezó su práctica, después, debido a una operación, abandonó esta profesión y se retiró del equipo, aunque ya había ganado honores. Para participar en Beijing, ella volvió al campo de entrenamiento, las prácticas duras y el dolor por la lesión anterior no la dejaron de andar. Sobre todo, en enero de 2007, ella dio a luz a su hija, cuando la niña cumplió cinco meses, esta gran madre la dejó y volvió a las preparaciones de los Olímpicos. Ella terminó la lactancia materna, en tres meses bajó once kilos de peso. Es una mujer china normal, una gran madre y judoka. Después de muchos sacrificios y de los dolores físicos de su cuerpo, para realizar el sueño del país, para ofrecerse a la patria. *"It is a chance of 100 years to host the olympics... to participate in the games is a goal of my lifetime"*, su frase es la major conclusión. Como madre, hay que ciuadar de su hija, como una deportista nacional, hay que ofrecerse en cualquier momento para lo que el su país necesite. Cuando los intereses familiares chocan con los nacionales, ella optó por el último.

"Chen Yanqing A legendary weightlifter" (Texto 3), la primera campeona de levantamiento de pesas de 244 kilogramos. Se retirado tres veces, y ha sido entrenadora; sin embargo, para Beijing, ella volvió al campo de la competición. Al ganar la gloria, ella dijo *"The gold belongs to me, but this one belongs to all the*

people supporting me" (Texto 3) dando su gran agradecimiento a las personas que la ayudaban.

"Wang Xin and Chen Ruolin" (Texto 3) perfect performance in diving. Otro grupo de buceo de los 10 metros, conformado por dos chicas de 16 años, aunque todos sus amigos y entrenadores estaban preocupados de que *"still young an enexperienced"*, todo el mundo tenía que reconocer que ellas son muy excelentes y *"quite strong"*, *"the two kids were good, the waited until the crowd turned quiet"* (Anexo 3) según su entrenador. Con toda la atención puesta en cada acción, al final ellas sacaron muy buenas notas.

"Chen Ying gentle women dominates rivals" (Texto 3), la campeona de pistola desde 25 metros, a pesar su que sus fuertes compañeros del equipo fracasaron uno por uno, controló con la presión interior y exterior y en el último turno sobrepasó a su rival con sólo 1.2 puntos.

"Six Golden Flowers women´s gymnastics team clinches gold". Seis chicas jóvenes ganaron la primera medalla de oro e del gimnancio artístico en grupo en la historia de Olímpicos. Entre ellas, sólo una chica Cheng Fei, la más mayor con 20 años que asistió dos veces a Olímpicos, las demás fueron novatas. En la foto que estaba junta con el texto, seis chicas estaban en un escenario sonriendo, girando su ramo de flor y la medalla.

"Liu Chunhong world record terminator" (Texto 3). Liu una deportista china de 25 años fue la campeona mundial de levatamiento de pesas, al mismo tiempo, rompió cinco récords mundiales. Según Liu, todos sus éxitos se correspondían con un compromiso con el presidente nacional chino Hu Jingtao que visitó al equipo nacional el día 23 de julio: *"As a representative of our team, I told president Hu we would perform well in the game... the records I set did not disappoint president Hu and the chinese people..."* es un compromiso sagrado con el presidente y con toda la

población china, al final, Liu lo cumplió.

"Liu Zige butterfly in magic cube" (Texto 3), Liu Zige, con 19 años de edad, ganó la medalla de oro de natación de 200 metros mariposa, construyó un récord mundial. Según su entrenador, la victoria principalmente depende de su perfecto control de ritmo. Liu dijo *"I never thought I would be the champion, not to mencion break te world recor... I was happy to enter the final and... I simply made meself relax... and let it go "*. (Texto 3)

"Du Li august 14 her lucky day", la campeona de rifle de aire desde 10 metros. Con la presión, la nerviosismo, la confianza y la calma, el día 14 ganó otro título mundial.

"Zhang Juanjuan breakthrough in archery" (Texto 3), ella fue otra campeona mundial china por primera vez en un campo deportivo, el tiro de arco, al mismo tiempo su victoria conllevaba un sentido especial, rompió el monopolio de Corea de Sur en tiro de arco durante 24 años. Fue una competición muy dura, porque sus compañeros del equipo perdieron uno detrá de otro, sólo quedaba ella enfrentándose a sus fuertes rivales coreanas. Ella sin perder la confianza, logró calmarse, al final, ganó a la ex-campeona coreana con 110-109.

Yang Xiuli, la campeona de Judo de mujeres, continuó la gloria del equipo nacional chino en este deporte; Cao Lei, bajo la influencia de la muerte de su madre hace poco tiempo, logró la medalla de oro en levatamiento de pesas; Tong Wen, la más joven jugadora china de judo subió al primer lugar gracias a su calma, consistencia e inteligencia; Zhang Ning, sobrepasó a su compañera convirtiéndose en la nueva campeona mundial de bádminton; Du Jing y Yu Yang, este jóven grupo consiguióla primera gloria de bádminton a su patria; las deportistas de remo también llevaron buenas noticias, fue la primera medalla de oro de china en este deporte rompiendo el monopolio occidental; Wang Jiao que fue la campeona de Atenas de 2004 y varias competiciones mundiales, en Beijing continuó su gloria; He Wenna, de 19 años, ganó la primera medalla de oro en trampolín en la historia china; el equipo de Pingpong igual que antes, presentó su alto nivel, ganó la primera medalla de oro de pingpong en grupo.

En total, las deportistas chinas ganaron 27 medallas de oro de 51 (el número total). No se puede presentar todo, sin embargo, lo señalado tiene significación. Las deportistas chinas nos dan una imagen general: como deportistas ellas se dedican totalmente a su profesión, recibieron entrenamientos duros durante muchos años, sufrieron heridas y otras pérdidas, se preparaban en cada momento para ofrecerse y ganar el honor para su patria y su población, en este sentido ellas no son deportistas ya, sino heroínas nacionales. Incluso, aunque estaban retiradas, al saber que el país tiene necesidad, sacrifican todas las cosa propias, vuelven a los entrenamientos normales. Gracias a todos los esfuerzos, durante sólo 24 años (1984-2008), China desde el cero en medalla de oro subió al primer lugar del Ranking de medallas, en muchos nuevos deportes las deportistas chinas realizaron milagros logrando la primera medalla de oro, sobre todo, en Beijing: Ellas también expresaron buen carácter como calma, cooperación en equipo, confianza, control personal y manejo de la presión. Después de obtener la gran gloria, ellas estaban alegres, pero sin orgullos, son humildes igual que siempre. Al mismo tiempo, ellas animaron mucho a sus compañeros a sobrepasar las dificultades que encontraban en la competición usando sus propias victoria y experiencia. Al final, el triunfo no sólo pertence a las deportistas, es el fruto de los esfuerzos, apoyos de muchas personas, por lo tanto, nuestras deportistas chinas no olvidaban dar sus agradecimiento a sus entrenadores, padres y amigos.

Sin ninguna duda, las deportistas femeninas chinas como un paisaje llamativo de Beijing, con sus propios triunfos responden al compromiso con su patria y la población. Sus nombres impresionan en China y en todo el mundo.

Los Juegos Paralímpicos celebran enseguida, durant losl día 6 y 17 de septiembre de 2008. "Different Games, same Brilliance!" es un reportaje especial sobre paralímpicos. Los participantes tienen minusvalías física o mental, sin embargo, ellos también conllevan un espíritu de superación, las incomodidades del cuerpo no los dejan siempre en la silla de rueda, ni en casa bajo los ciudados de otras personas, sino que ellos se esfuerzan en avanzar, ser excelentes y alegres. Por lo tanto, en Paralímpicos, el número de medallas no es lo más importante, lo que nos impresiona mucho es el espíritu persistente, la esperanza del futuro y de la vida, la actitud optimista sobre la vida.

En Paralímpicos, las deportistas chinas también lograron buenas notas, en muchos campos nuevos ganaron su primera medalla de oro, así como en Remo (mixta doble) Zhou Yangjing(mujer) y Shan Zilong(hombre) ganaron a los demás rivales, se convirtieron en campeones del mundo;además, el momento del voleibol sentadas entre los equipos chinos y americano también es impresionante, Kwok Hoi Ying Karen ganó(mixto individual BC2), trajó la primera medalla de oro para China; Wang Shuai ganó la medalla de bronce en natación de 100 metros mariposa; Wang Fang fue la campeona de recorrido de 200 metros de las mujeres; Zhou Hongzhuan ganó la medalla de plata en el recorrido de 400 metros; Yu Chui Yee (Hongkong) y Zhang Chuncui gararon la medalla de plata en esgrima en silla de rueda; en lanzamiento de disco, Dong Feixia conseguió la final; Huang Lisha ocupó el primer lugar del recorrido de 200 metros; Yao Juan fue la campeona mundial en lanzamiento de jabalina de F42-46. Mismos triunfos, mismos alegrías y sonrisas, las deportistas chinas discapacitades presentaron sus excelencias al mundo.

Se trata de un reportaje especial de foto con un pie breve. Las sonrisas son alegres y sinceras. Detrás de cada triunfo, se ocultan númerosos esfuerzos y sudores que son más duros que los de las deportistas normales. Cada foto, cada protagonista nos presenta una misma acción, la sonrisa. Es una sonrisa después de conquistar la vida y el destino personal, una sonrisa que para declara la esperanza y el optimismo de la vidad y del futuro, una sonrisa a sus familiares que las ayudan siempre. Aunque además de la sonrisa, se ve un cuerpo incompleto. Las deportistas chinas discapacitadas, las jóvenes chicas con su persistencia, optimismo, esfuerzo, inteligencia, participación, cooperación presentaron que en un mundo de discapacidad física, ellas podían hacer todas las cosas que parecían imposibles, tan excelente o mejor que los capacidados.

Antes de la celebración formal de Los Juegos Olímpicos de Beijing, entre el día 8 hasta el 24 de agosto de 2008, había dos cosas importantes para este festival mundial: relevo de la antorcha y acción de los voluntarios. Son dos partes indispensables. Durante el recorrido de la antorcha, surgieron muchos historias sobre los portadores de la antorcha, quienes son famosos deportistas o personas que tienen relación directa con los Olímpicos de Beijing. Se van a leer los artículos sobre deportistas que seleccionadas como portadoras de antorcha.

Todo el mundo dice que la madre es la persona más cariñosa del mundo, el amor de madre es lo más suave, incesante y feliz. Sin embargo, la madre de Chen Zhong que es la campeona de tae-kwon-do en 2000 (sydney) y 2004 (Atenas), también una de las portadoras de antorcha de Beijing es un poco diferente. Según lo que dice en subtítulo de *"Reaping Rewards of Rigorous Regimen Chen cites Mother´s support for Olympic success"*(Texto 6) de junio de 2008, su madre Zhang Meiying es la más estricta al mismo tiempo la más diligente persona en el mundo. Al mism tiempo, la madre recibió el premio de "China´s 10 greatest mothers" en 2007. A través de este reportaje, se ve cómo una madre transforma a su hija en una campeona mundial. Zhang, con 50 años, fue jugadora de baloncesto. Para formar el talento deportivo de su hija Chen, cuando Chen sólo tenía 3 años, empezó a jugar al tennis con su madre. Gracias a las prácticas, desde muy niña, Chen desarrolló mucho interés y talentopor el deporte. Durante los tiempos posteriores, con la enseñanza, entrenamiento, exigencia, apoyo y confianza de su madre, Chen avanzó sin cesar, desde el equipo local al provincial final al nacional, recibiendo numerosos honores nacionales e internacionales, sobre todo, en los Olímpicos de Atenas de 2004, ella se convirtió en la campeona mundil de tae kwon-do. A continuación, se van a analizar unas frases del reportaje para buscar las imágenes de una madre estricta de una campeona mundial china.

when Chen was only 3, Zhang bougt her o pair of table tennis paddies and bagan to teaching er to play the game. She required Chen to practice for a regular amount of time every day... That heip Chen become a better player and it heightened her interest in sports. More importantly, however, it helped Chen to become a strong-willed person. (Texto 6)

Es una madre que con mucho propósito y determinación forma a su hija en una persona de carácter.

Zhang, as a mother, was saddened as she watched her daughter train during those long, hard hours. But zhang never thought about giving up... zhang would wake up at 5 am to cook breakfast for chen, and then they would travel five kilometros by bicicle to the training field. When problems arose, she always supported Chen, she wanted her daughter to become a professional athlete, and she was willing to make the necessary sacrifices...(Texto 6)

Igual que cualquier madre, Zhang quiere mucho a su hija, se siente triste cuando ve que su hija está sufriendo por los duros entrenamientos. Sin embargo, esta gran madre soporta todos los dolores interiores, insistió en su plan dirigió a su hija al camino triunfal. Al mismo tiempo, Zhang sacrificó y ofreció mucho por su hija. Cada día se levantó a las cinco soló para preparar el desayuno para su hija y lugeo la acompañó a montar en bicicleta cinco kilómetros. Durante muchos años, ellas hicieron lo mismo. Es un apoyo, cariñoso y silencioso. Siempre la dirigió hacia adelante por medio de sus propias acciones. *"to become a professional athlete"* es su principal y único objeto, para alcanzarlo, la madre puede hacer todos los sacrificios posibles.

Zhang always taught chen to be a morally upright person, she stressed the importance of making friends and being team member...respect her coach...(Texto 6)

Además de dirigir su profesión, la madre le enseñó los valores morales importantes. Así como, la cooperación entre los compañeros del grupo, respectar a los demás. Estos valores personales que son básicos en una persona normal, también son necesarios para una deportista.

A continuación, este reportaje nos presenta otro carácter de esta gran madre que no sólo sabe sacrificarse por su hija, sino también obedecer a la necesidad del país y abandonar sus intereses personales.

Chen, who wasa basketball player at 1.67 meter tall, was selected by the nacional team... at first, la madre was not enthusiastic, she knew of the hardships of training for the national team and the cruelty of tae kwon do mathes... when the coach told her that the player selected for the first national tae kwon do team, Zhang relented and encouraged her daughter to do her best. (Texto 6)

Para el interés nacional, esta madre permitió que su hija practicara tae-kwon-do pese a las duras prácticas diarias realizadas. Porque el entrenador le dijo que su hija iba a formar parte del primer equipo nacional de este deporte de China. La demanda del país choca con sus propias protecciones a su hija. Esta gran madre optó por el primero. A través de estas descripciones, se conoce una imagen de gran madre que ofrece a su propia hija al honor del país.

Cuando los demás compañeros del equipo se retiraron por los duros entrenamientos, Chen llevaba la misma idea discutió con su madre. Zhang dijo "You must persist in the training... since you ave already joined the team. If others can endure, so can you. How can you win honor for our country if you give up half way?" (Texto 6)

Notablemente, es una frase que conlleva algún objeto político, además de ser la crítica que madre hizo a su hija. La madre es estricta, animó, incluso obligó, a su hija a insistir. Al mismo tiempo, ella usa el nombre del país. En su corzacón, Chen fue una deportista que podía ganar el honor para su país. Promovió el desarrollo de China en el nuevo campo deportivo más que la hija propia suya. Hasta aquí, la imagen de esta madre. Los frases posteriores reforzan esta imagen y la pedían más impresionante y viva.

Chen injured her legs while preparing for the 2004 Asia Games, she felt se could not continue practicing. She called her mother...Mum, would you please get me? I am afraid that my legs will break if I continue doing sports... Zhang replied... our country has fostered you. It is worthwhile contributing to our country. If your legs do break, I will tend you in the future. (Texto 6)

La respuesta de la madre parece fría e imposible, pero firme y clara. Ella quería sacrificar la pierna de su hija para no abandonar la oportunidad de ganar honores para el país. Es un ejemplo notable de la comunicación China. como un país comunista, tiene una larga historia en los medios de comunicación de construi a sus ciudadanos como personas cien por cien ofrecidas al país. A veces parecen increíbles. Los personajes siempre pueden distinguir muy bien los intereses individuales y nacionales. El resultado de la opción sin ninguna duda consiste en obedecer al segundo. Se describe un mundo en que todos sus ciudadanos viven con muy alta pasión su patria, La creencia nacional comunista se pone por encima de las demás. Incluso el amor entre padres y hijos, en esos momentos, los personaje como la madre de la campeona parece fría, falta de cariño y amor a su hija. En realidad, sus amores son muy profundos, su amor se divide en dos partes, el país y sus familiares. Cuando los dos se encuentran en conflicto, ellos abandonan el familiar, ocultan y sufren todos los dolores, porque en su corazón el honor y la gloria del país siempre está en el primer lugar. En realidad, en la sociedad actual de China, existen numerosos conceptos de valor, sobre todo, en los últimos 30 años, con la apertura y reforma de la economía, más pensamientos avanzados y libres entraron en este país. En la generación de Mao, quizá toda la población tuvo sacrificio desinteresado, estaban preparados en cada momento para cumplir la demanda del país, en aquel entonces, la creencia nacional, el poder de ídolo controlaron el pensamiento de la gente, como se expresaba en la Revolución Cultural, y se movimiento de Hasta el Campo de la década 50, 60 y 70. "Women of China" su edición interna es un buen ejemplo sobre eso, como una publicación oficial conlleva el elemento político desde su nacimiento, está controlada totalmente por el gobierno, incluso hasta hoy día, se puede ver las huellas de la época de Mao. En este artículo, aunque se publicó en su edición exterior, como una parte de comunicación oficial, deja ser este notable carácter.

"Torchbearer a bright light for China former disabled athlete protects olympic torch" (Texto 7) se publicó en junio de 2008. Cuando el revelo de antorcha, en París, los separatistas tibetanos intentaron coger la antorcha y apagar el fuego sagrado. Su portadora, la deportista discapacitada china Jin Jing la protegió con su propio cuerpo.

"*Women of China*" usó una palabra clave para definir su carácter "Bravery". Jin Jing, 28 años, que tiene una sola pierna fue miembro del equipo nacional chino de esgrima en silla de ruedas, y la tercera portadora de antorcha de París. En realidad, es un reportaje peculiar, está fuera del plan de los personajes elegidos por la revista. Como está relacionado con Tíbet, con los separatistas tibetanos, todo el asunto llegó a la clase política y diplomática. A lo largo de muchos años, Tíbet es un tema internacional y discutible. Una gran parte de los efectos negativos de la imagen internacional de China vienen de la mano del asunto Tíbet, debido a las discusiones y percecuciones de Dalai Lama. Según él, el gobierno chino invadió Tíbet. El partido comunista chino es dictador, mató y torturó a los budistas tibetanos que recibieron gran apoyo internacional. Entonces, el Dalai Lama y sus palabras son un problema molesto para el gobierno chino. El asunto de París parece una excelente oportunidad para cambiar la vieja imagen, probar las mentiras de Dalai Lama y la crualdad de los separatistas tibetanos. Por lo tanto, Jin Jing como la protagonista incluyó en esta estrategia política. Mirando todo el artículo, se descubre una línea clara: el valor de la deportista discapacitada que con su cuerpo incompleto lucha contra los separatistas; los separatistas tibetanos son tan crueles, e inhumanos, que intentan quitar la antorcha que es el símbolo sagrado de la civilización y de la paz universal a una chica débil y discapacitada. Todas las descripciones ofrecen una comparación notable y fuerte.

Tibet separatists'saw me- a women in a wheelchair- hold the torch, they satarted to act crazy...suddenly, three o four of them chargee towards me. Immediately, I bent my waist, and pressed my head against my knees to prevent the torch from being snatched... the savage me attacked me by acratching my face, pulling my hair and tring to drag me down. I bent low to hold the torch tighty by my arm...(Texto 7)

Aquí se usan *"act crazy"*, *"charge towards me"*, *"attacked me , acratching my face, pulling my hair, trying to drag me dowm"*, se usan las palabras que nos ofrece la escena muy detallada, la acción cruel e imperdonable de los separatistas tibetanos se transmite a todo el mundo a través de "Women of China". Sus palabras como la prueba más poderosa que cuenten este asunto criminal a todo el mundo. Por otra parte, las acciones de Jin Jing

I bent my waist, and pressed my head against my knees to prevent the torch from being snatched... due to my seven- year career as an epee fencer, the strength of my arms are greater than other people, I am sort of unbending person, so even they threatened me with daggers, I would not yield... as long as I live, no one can snatch the torch from me, I really wanted to fight them to the bitter end...(Texto 7)

Una serie de acciones continuas nos presentan la habilidad de la deportista, al mismo tiempo, sus reacciones naturales. En primer lugar proteger la antorcha con su propia cabeza y rodilla tener en cuenta su seguridad personal. "as long as I live, no one can snatch the torch from me" esta frase contienen muchas admiración y elogios, y la fama de heroína nacional. "Bravely " lo expresa perfectamente en esta frase. En comparación con la antorcha, la vida persona no vale nada. La oportunidad sagrada de portar la antorcha de los Juegos Olímpicos hay que protegerla con todos los medios, si se necesita puede ofrecerse la vida. Además, no es una personal normal, sino una joven chica a la que le falta una pierna sentada en la silla de ruedas. Creo que los lectores que leen hasta aquí, tendrán la sensación personalde que los separatistas tibetanos son ladrones, sinverguenzas, odiosos, inhumanos, etc. Por contra, están impresinados por el imposible valor de la chica discapacitada y su espíritu de sacrificio para proteger la riqueza humana.

I saw a lot of chinese students, including many young women. Wave china's national flag... everyone contributed to the successful protection of the torch, especiely the students, they help me, support me...(Texto 7)

Los estudiantes chinos que estudian en París presentaron que firme unión. Estaban al lado de su patria, contra las acciones de los separatistas tibetanos. Por una parte, como un elogio verdadero a los estudiantes. Por otra parte, "Women of China" quería decir a sus lectores exteriores que los estudiantes chinos aunque estuden en los países occidentales mantienen intacta su pasión por la patria. Apoya, totalmente a la política de su país, en cada momento están unidos con su patria. Porque China es una población unida, no se permite ninguna persona ni acción separatista. Cuando ocurre, sus ciudadanos chinos tanto si viven en el interior como fuera del país hacen todo lo posible a resistirlo.

The savege deeds of the tibetan separatists, who took no account of the consequences, polluted te olympics spirit, and they will be condemned by people all over the world. (Texto 7)

Se trata de la crítica directa de la protagonista Jin Jing a los separatistas tibetanos. Las palabras son estrictas, relacionan esta acción con el espíritu olímpico y el interés a toda la humanidad. Por lo tanto, los separatistas tibetanos no sólo son enemigos de China, sino también del mundo.

Es un buen ejemplo de la estrategia de comunicación que maneja el gobierno chino para construir su propia imagen. No usa ningún elogio desde su propia boca, sino a través de otros medios en nombre de otra persona para llegar a su objetivo.

Los demás párrafos de este artículo, son para contar los valores excelentes de Jin Jing. Es una chica además de valiente, optimista que se perdió una pierna, sentada en la silla de ruedas, se esfuerza para realizar su sueño. Animó a otras personas discapacitadas con sus propias experiencias y victorias, siempre con una sonrisa para la gente y ante las dificultades que encontró en la vida diaria. Como dice *"One should accept reality when on has no other option. As life is so colorful, one may always be able to find joy in his or her life if he or she is careful enough"*. Después del acontecimiento de París, ella fue famosa. Sin embargo, dice que su gran ventaja es poder ayudar a más gente porque la fama puede llamar mucho la atención del público sobre lo que dice *"I am glad I can help more people now"*. Incluso en el último párrafo, se presenta un ejemplo

When Xia who lost her right leg learned about Jin's bravery in Paris. She said, I will temper my willpower, to overcome all difculties as my elder sister Jin does, and I will strive to be a person who is of value to the people and the country. (Texto 7)

El valor de Jin Jing no sólo impresionó a los extranjeros, sino también en China, su efecto educativo es notable. Hasta aquí, esta chica que por sus acciones valientes contra los separatistas tibetanos en París, ya se ha convertido en un especie de heroína nacional quien con su incompleto cuerpo, débil, fuerza la lucha contra aquellas que quieren dañar el símbolo de la civilización humana. y protegir la antorcha sagrada. Su fama sólo le da más oportunidad de transmitir su optismo y valor a la gente que tiene la misma situación fisica que ella. Si no hubiera ocurrido este especial asunto, su protaginista habría sido muy normal. El gobierno a través de "Women of China" configura su imagen otra vez, lo cambia en un símbolo significativo de valor, patriotismo y optimismo de la nueva época. Al mism tiempo, según sus descripciones, las acciones de los eparatistas tibetanos deben ser criticadas por todo el mundo. Su función de orientar a la opinión internacional sobre el tema de Tíbet es enorme. Entonces, la importancia de Jin Jing más que proteger la antorcha consiste en ofrecer una muy buena oportunidad para el gobierno chino para contraatacar a sus enemigos políticos, mejorar su propia imagen internacional y ganar el apoyo general de los medios de comunicación internacionales.

Otra importante portadora de la antorcha se llama Sang Lan, su experiencia personal tiene una relación estrecha con el deporte y con los Juego Olímpicos. Sang Lan, la deportista china de gimnasia, quedó paralítica por una herida grave durante la práctica de Googwill Games entre China y América el día 21 de julio de 1998, cuando ella tenía 17 años. Dentro de los tiempos posteriores, ella no abandonó la esperanza de la vida, por una parte, insistió en recibir los entrenamientos médicos; por otra parte, logró estudios universitarios en la universidad Beijing, la mejor de China. Cuando Beijing solicitó los Juegos Olímpicos, ella se encargó de ser la embajadora de la solicitud de Beijing. Además, ella transmitió los conocimientos olímpicos a los ciudadanos chino por medio de televisión y radio, fue seleccionada como la portadora de antorcha... en el artículo " *Sang Lan never gives up dream"(texto 8)* , "Women of China" se presenta esta extraordinaria chica.

Según ella "*The Olympic spirit means participation*", cuando ella estaba herida en 1998 en Los Ángeles, pensó que su sueño Olímpico no se iba a realizar. En realidad, ella lo realizó pero en diferentes maneras. En cuanto a ella, "Women of China" usa tres palabras graves *"Courage, never give up, smile"*. Ella es valiente, cuando ocurrió el accidente solo tenía 17 años. El resto de su vida iba a pasar en la silla de ruedas.

Spending half an hour to get up, durinating with the help of others, trying hard to brush my teeth with my stiff fingers...Cry everyday, or ask others to brush my teeth for the rest of life? I have no choice but to face the reality, get used to it and try to solve all difficulties. (texto 8)

Afrontando el desastre repentino, esta joven optópor resolver las dificultades y practicó las acciones para ser más independiente en la vida. Igual que otras chicas jóvenes, ella pasea por la calle, hacer compras, canta en Karaoke, mira televisión y cine participa con una cantante de Macao en una canción "Smile" para animar a la gente a participar en Beijing y a sonreir a todos los visitantes que vienen de todo el mundo. Después de recibir tan duro golpee de la vida, el valor que ella tiene para soportarlo y empezar una nueva vida normal sonriendo a la vida y a los demás es increíble.

Para ser una persona normal e independiente, Sang estudió periodismo deportivo y trabajó en los medios de comunicación, como sina.com y la red oficial del Comité de Olímpicos de Beijing 2008, para Beijing Olímpicos. Ella abrió su propio programa en Star TV, se llamaba *Sang Lan Olympics 2008.* Se encargó de ser la emabajadora para que Beijing pudiera celebara el 28 Olímpicos. Ella hizo todo para apoyar al Beijing Olímpicos, usó sus conocimientos de medios de comunicación y de deporte haciendo programa con el fin de transmitir al público los conocimientos de los juegos Olímpicos y llamar a la participación social. Como ella dice: nunca ha abandonado su sueño Olímpico, ha continuado en otras maneras.

Al mismo tiempo, ella presta mucha atención a la filantropía. Debido a sus sufrimientos tristes y grandes valores, se convirtió en persona famosa en la sociedad china y americana. Además, ella participaba frecuentemente en las filantropías.

I am happy to participate in charities. When I find that my participation can help others, even a little, I feel satisfied and comfortable, which can't be replaced by any amount of money.(Texto *8)*

"Con sus propias capacidades ayudar a otras personas" es el lema de su vida. Aprovechando su fama, llamó la atención de la sociedad para otros deportistas que sufrieron heridas y enfermedades durante las entrenamientos. Creó una fundación para las personas que tenían la misma enfermedad después de herirse en el cuello, hizo conferencias y diferentes asuntos para reunir dinero para su fundación.

Sang Lan y Jin Jing, son dos chicas deportistas y discapacitadas, "Women of China" usa la misma palabra para concluir su carácter: valiente. Jin Jing es valiente por sus acciones cuando se enfrenta con los criminales que quieren destruir la civilización humana; Sang Lan es valiente por su valor ante la vida, sobrepasa su mayor enemigo que es ella misma, hace una vida normal después de sufrir un gran desastre y afronta a la realidad. Dos chicas que tienen el mismo carácter, es decir ayudar a otras personas que tiene el mismo problema que el suyo. Además, ellas son patriotas y cuando los Juegos Olímpicos llegan a su país, ellas participan con muchas ganas y pasión y hacen todos sus esfuerzos para ofrecerse y servir para este festival mundial. En cuanto a la actitud de la vida, las dos son optimistas, la sonrisa es la respuesta ante las dificultades y el sufrimiento de la vida. El reportaje sobre Jin Jing usa más estrategia y objetivo político que el de Sang Lan, debido al tema que relaciona con la imagen nacional china y un conflicto político sobre la soberanía de una región.

"First Chinese Torchbearer of Beijing Games"(Texto 9) se publicó en mayo de 2008, se trata de la primera portadora china de antorcha de Juegos Olímpicos de Beijing, Luo Xuejuan, quien es la campeona de natación de 100 metros de Atenas, es la única medalla de oro en natación de estos olímpicos conseguidos por China. La campeona de nadación 50 metros en champion mundial de 2001, y 100 metros de 2003. La llaman "La reina de la piscina". En 2007, se retiró del equipo nacional. La causa de seleccionarla como la primera portadora   de antorcha desde Grecia, lo explica

"*Women of China*" con las palabras de un oficial de Volkswagen "*Luo was the onlu swimming gold medalist from China, after her retirement, she chose to study to further improve herself and she contributed a lot in public activities, which set a good example.*" Ella es excelente en su profesión, sin dejar de avanzarse después de retirarse. Continuó estudiando en la mejor universidad de China, además de perfeccionarse sin cesar. Participó mucho en los asuntos públicos, por lo tanto, con una imagen excelente en su profesión, positiva, avanzada, persistente, da mucha atención a la sociedad que vive. Ella se convirtió en la protagonista de este artículo.

Retiring was a hard decision for me, and after that I was always thinking of making some contribution to the Beijing Games. (Texto 9)

Como una ex- deportista china, su profesión deportiva fue la principal parte de su vida anterior. Retirarse es una cosa triste para ella, sin embargo, salir del equipo nacional no significa despedir para siempre el deporte y de los asuntos que pueden contribuir a su país. "*I was always thinking of making some contribution to the Beijing Games*" por aquí, se puede ver una imagen perfecra de patriota. Ofrecerse, contribuirse a su patria es la tarea de toda su vida, tanto en el equipo nacional de natación, como estudiando en la universidad.

Luo prepared three secret goog-luck charm for the most exciting moment: her shining hair dyed chinese red, a hair clip with patterns of auspocious clouds, and a gold necklace from her father. The red hair shone like Chinese red in the sunshine, the clip similar to the ones on the torch, specially chosen for the run tp match the torch, the gold necklace like olive leaf, a gift de my father, took me good luck... (Texto 9)

Como la primera imagen oficial china surgida en el recorrido, recibió la antorca sagrada en Grecia que es el origen de la civilización occidental. Su función no sólo es ser portadora de la antorcha olímpca, sino también es una transmisión de civilización, un encuentro de dos civilizaciones antiguas con ocasión de los Juegos Olímpicos, este tema actual y mundial, con el fin de la gran intergración entre las dos. Al saber la importancia de su tarea, la deportista china se tiñó el pelo de rojo que representa el color más signficativo de China, también de la bandera nacional; el clip de pelo con la forma de nubes de buen aguero que es el elemento usado en la antorcha, y un signo tradicional de la cultura china; un collar de forma hoja de olivo que es el símbolo griego y de la paz humana. Las tres cosas son detalles pequeños, pero ella las prestó mucha atención y preparación. Se expresa su amor por su patria, quiere hacer todas las cosas para promover y transmitir la civilización de su país, con mismo, porque ella sabe que cualquier acción suya en ese momento histórico puede producir una influencia grave. Todo eso viene de su pasión con su país y su pobalción, y la alta responsabilidad social, e histórica.

Las deportistas no representan la imagen de   que ofrecerse a la patria, ayudar a otras personas, al mismo tiempo,   ellas tienen otra parte más sensible y suave, el amor por su pareja. En el artículo *"China´s women athletes hope to rule in home turf"* (Texto 2) de agosto de 2008 se cuenta la historia de una jugadora de voleibol, Zhou Suhong que es la jefa del equipo nacional de voleibol, durante la preparación para Beijing Games, su marido, jugador del equipo nacional de voleibol, sufurió en un entrenamiento normal del día 13 de junio de 2007 , un accidente, del que quedó resultó paralítico. Los dos habían quedado en participar en Juegos Olímpicos de Beijing juntos, debido al desastre repentino, la jugadora presentó otro lado de la imagen de las mujeres chinas.

Según "Women of China" ella es excelente, *"the heart and soul of china´s women´s volleyball team"* Después de que su pareja tuviera el accidente, *"I definitely believe we can walk out of the hospital hand in hand"*. Generalmente, parálisis significa el fin de la profesión incluso fin de la vida para un deportista. Para sus familiares también es un enorme golpe. Zhou confió mucho en que su marido podría sobrevivir y recuperarse poco a poco. porque en su corazón, existía una enorme confianza en el futuro de los dos, y el profundo amor por su marido. Las presiones y dificultades entre cuidar a su marido y preparar los olímpicos la agotaban, como una persona normal, frente a este tipo de desastre de la vida, muchas veces ella lloraba.

"Her coach,Chen Zhonghe, and the team supported Zhou. She cried several times. We keep conforting her, I told her there are always ups and downs in life, and we should leam how to deal with misery"
(Texto 2)

Una estrategia que se ve muchas veces en los medios de comunicación, la de decir cuando se encuentra con las situaciones como esta, que está en un periodo muy duro. En estos momentos, los representantes de las organizaciones (generalmente son nacionales) expresan mucho cuidado. Entre las palabras pueden verse los propósitos notables y la inclinación política. Con el fin de construir la imagen positiva del régimen.

Their love for each other is deep,, perhaps deeper than most people can understand. Zhou once told Tang "you are just a part of my life, but the most important part" Tang replied "I was not born for you, but now you are the reason I am living." (Texto 2)

Juramento no tiene nada especial, porque casi cada pareja lo hace. Sin embargo, que sus acciones siempre obedezcan a sus palabras no es fácil, cuando una parte sufre alguna enfermedad. Los dos deportistas chinos hacen su compromiso, y lo cumplen. Cuando llega el desastre, uno no abandona al otro, está junto con él, lo acompaña, lo anima, y lo apoya. Por las descripciones de Zhou, se ve una imagen diferente a que las anteriores complementria. Ellas no sólo tienen pasión por su patria, por el triunfo, por el honor, sino también sienten el profundo amor, y la responsabilidad hacia su pareja.

3.4.2 Voluntarias

Con voluntarios olímpicos se hace referencia a las personas que sierven a otras personas, la sociedad y los Juegos Olímpicos durante el proceso de preparación y celebración. En 1992, Barcelona Olímpicos planteó formalmente el concepto de voluntarios olímpicos. Durante Beijing, además de los voluntarios para la competición, también hubo voluntarios de la ciudad. A través de propagar, seleccionar, formar, practicar y premiar, etc. una serie de trabajos, con el fin de construir un equipo profesional y habitual de voluntarios que sirvieron a los miembros de las olympiadas, los medios de comunicación, espectadores y demás. Los voluntarios se dedicaron principalmente de a los trabajos como recibir a los visitantes, traducir idiomas, transporte, seguridad, sanidad, guiar a los espectadores, repartir las cosas, comunicar, apoyo al funcionamiento de los pabellones deportivos, periodismo, y organización de los asuntos culturales, etc. El número de los voluntarios para Beijing era en total de unas 70 mil personas.

Los voluntariso se dividen en diez grupos, ellos son:

1. Estudiantes universitarios. Todos son de la universidad de Beijing.

2. Estudiantes de bachillerato de Beijing.

3. Voluntarios sociales. La selección se abrió para toda la sociedad.

4. Voluntarios que vienen de diferentes provincias y regiones autónomas.

5. Voluntarios fuera de Beijing. Para otras redes deportivas de Beijing Olímpicos, además de Beijing, hay Qing Dao, Tian Jing, Shang Hai, Sheng Yang, Qin Huangdao.

6. Voluntarios que vienen de Hongkong, Macao y Taiwan.

7. Voluntarios chinos que viven o estudian fuera de China.

8. Voluntarios extranjeros que viven, trabajan o estudian en Beijing.

9. Voluntarios internacionales.

10. Voluntarios profesionales.

Todo este proceso se forma a lo largo de cuatros periodos, en cada uno, los medios de comunicación de China desarrollaron diferentes tareas para promover su normal funcionamiento. El primero, desde junio de 2005 hasta julio de 2006 para propagar los conocimientos olímpicos, el concepto de servicio de voluntarios, el espíritu de ofrecer amistad a toda la sociedad. El segundo, desde agosto de 2006 hasta abril de 2008 se dedicaba a la selección, transmitir el sentido de participar en los servicios de Juegos Olímpicos, presentar los medios de seleccionar, los requisitos y los sectores que necesitan servicio, movilizar a los ciudadanos de diferentes clases sociales a inscribirse.   Entre abril y julio de 2008, se trata la preparación antes de la inauguración, propagar la situación del trabajo de los voluntaios para llamar la atención social. El último entre agosto y septiembre de 2008, principalmente para redactar los excelentes éxitos hechos por los voluntarios durante la competición.

Según el alcalde de Beijng de aquel entonces, y el responsable de Comité Olímpicos de Beijing, Liu Qi " *el objeto de los voluntatios de Beijing Games es formar un equipo de voluntarios con alta nivel y caracteres especiales. La   sonrisa de los voluntarios va a ser la mejor imagen de Beijing*". Admás, Rogue, el presidente del Comité Internacional de Juegos Olímpicos dijo "*Los servicios de voluntarios ocupan el lugar central en la olimpíada, juegan un papel muy importante, ellos son embajadores de las olimpiadas, expresan el espíritu de competición usando sus acciones y palabras.*" [11]

La inscripción y selcción se terminó en marzo de 2008. Desde abril de 2008, los voluntarios conforman un nuevo protagonista que apareció en "Women of China".

Ellos venían de diferentes sectores sociales, la mayoría eran estudiantes universitarios. Una serie de reportajes de abril de 2008 así como "Volunteers spreading Olympic espirit throughout China"; "Volunteers´smile to become beijing´s imagen " presentan los aspectos de los voluntarios, sobre todo los universitarios, la nueva generación de China.

 "Volunteers spreading Olympic spirit throughout China"(Texto 10). Se usó una foto que según su pie del día 29 de octubre de 2006 cuando se inaugró el plan de voluntarios recogía a los jóvenes que se reunieron en la Gran Muralla para un asunto de apoyo "Smiling circle" . Fue la primera página de toda esta serie de artículos de voluntarios. Después del primer periodo de propagar los conocimientos olímpicos, el concepto de servicio, espíritu de ofrecerse y amistad hasta julio de 2006, en octubre, al empezar la inscripción y selección, transcurrió la escena de la foto. Se ve una multitud de jóvenes con impermeable rojo reunidos en la Gran Muralla. Los más cercanos llevaban pulseras con cada uno de los colores de los cinco círculos olímpicos. Detrás de ellos, se ve banderas de colores olímpicos, rojo, amarillo,azul, verde y negro. En sus caras, alegría, sonrisa, emoción y pasión por esta inauguración. La Gran Muralla es un lugar simbólico de la historia y civilización china; ellos estuviero allí para expresar ante el mundo la generación nueva, la principal fuerza de China en el futuro de la sociedad China, tenía muchas ganas, emociones y pasiónes por participar en los festivales internacionales, ofrecer su propia fuerza, con sus propias acciones transmitir el espíritu olímpico a todo el mundo, y cumplir el compromiso.

"Smiling" es la palabra clave de los voluntarios. Porque la sonrisa es muy importante, es una cosa necesaria para transmitir la amistad y la confianza. La sonrisa de una persona sólo es una acción fisica, sin embargo, miles sonrisas de miles personas van a formar la imagen de una ciudad incluso de una nación. Para profundizar este concepto en toda la sociedad, se realizaron varias actividades culturales. Por ejemplo, "Smiling circle" hecho por los estudiantes de una escuela primaria de Beijing(Texto 9) la chapa con forma de sonria que lleva una niña(Texto 9); cinco estudiantes de bachillerato sonriendo hacen lenguaje por señas para llamar al amor y atención social a los discapacitados. Los voluntarios de la ciudad promovieron varios servicios a toda la ciudad. Su amabilidad, paciencia, y la pasión de participar impresionó al mundo también. Los Juegos Olímpicos no sólo son un gran asunto para los deportistas, también para los voluntarios. Los voluntarios de Beijing o fuera de Beijing con su sencilla sonrisa y otros caracteres consiguieron una enorme admiración. Este artículo quería reconstruir la escena ante los lectores que no tuvieron la oportunidad de vivir en Beijing durante los Juegos Olímpicos, los deja experimentar los momentos ocurridos en Beijing, y dan conocer a los jóvenes chinos, su aspecto muy positivo, su la sinceridad y pasión, y dedicación propia a los asuntos nacionales.

Los entrenamientos para los voluntarios fueron duros. Generalmente, el entrenamiento se divide en dos partes: idioma(inglés) y habilidad de servicio. En la clase de inglés, "Women of China" presentó la historia de aprender inglés de una madre y su hija. La madre con 40 años empezó a aprender inglés y cultura pop junto con su hija. Una mujer tradicional de esa edad, con el motivo de Beijing Games, se dedicó a estudiar una lengua nueva, y comenzó a contactar con otra cultura que parecía imposible antes. Ella no es la única mujer que hace eso, sólo una de muchas ellas. A trevés de su experiencia, se ve el amor y pasión por su país, el espíritu de participar en los asuntos públicos ya estaba profundizando en el público. La gente recibió el concepto "participar , ofrecer y alegrar". Es un fenómeno precioso, los Juegos Olímpicos no sólo dan una oportunidad a China de presentarse ante el mundo, sino también, para sus ciudadanos, es una oportunidad de mejorar el nivel moral de toda la sociedad. "Women of China" elegió sólo un ejemplo sencillo, los lectores pueden ver todos los cambios nuevos de la sociedad.

Los estudiantes universitarios son otra parte de un protagonistas de los Juegos Olímpicos, como la generación nueva. Un 99% de ellos son "Hijos únicos", el mundo exterior siempre pone muchas curiosidades sobre ellos. Sin embargo, por falta de medios para conocer, ellos se convierten en un tema misterioso, muchas veces se dan malentendidos. Por lo tanto, por medio de los Juegos Olímpicos, el gobierno chino y "Women of China" ampliaron series de reportajes para descubrir las imágenes verdaderas de los jóvenes chinos, quienes determinan el futuro de un país segunda potencia económica del mundo actual.

Ma Xiaoxiao, una estudiante del segundo año de la universidad, estaba en el equipo de azafata para servir en Beijing Hotel donde iban a alojarse los presidentes del gobiernos extranjeros y organizaciones de ONU. Por eso, durante todo el año entero, con sus compañeros estaba   preparando el idioma y la habilidad de servicio. Fue un proceso muy duro, sobre todo para los jóvenes que habían tenido poca experiencia.

"six centimetro high-heeles shoes, neat hair and shiny", *"when a customer misunderstands you, or becomes angry with you., what are you going to do? " "No matter whose fault it is, I will apologize to the customer. We should strive to offer the best services to our customers"* (Texto 10)

Esta joven ya contaba con más experiencia que antes, como una azafata, ella entendió que sus acciones sencillas podían causar resultados serios, influían en la imagen de los voluntarios, de esta ciudad e incluso de su país. Por lo tanto, como voluntaria, ella manduvo una actitud amable y positiva. Ofrecer el mejor servicio a los clientes es el objeto de las azafatas, la cortesía, buena educación de los jóvenes chinos es el otro sentido más profundo de la nueva generación.

Zhang Jiannan, fue una universitaria de tercer año, iba a graduarse, sus compañeros estaban buscando trabajo. Zhang tardó tiempo en elegir entre ser voluntaria de Olímpicos y buscar trabajo directamente para mantener a sus padres que eran discapacitados ambos. Cuando ellos supieron que su hija había sido elegida como voluntria y necesitaba recibir entrenamiento en el Hotel Beijing durante un año, sin cobrar nada, ellos le apoyaron. Aunque esta familia necesitaba los ingresos para sobrevivir. Es una familia normal de China, los padres son personas de clase media o baja. En la situación negativa, sobre todo la situación económica, optaron porque fuese voluntaria nacional en primer lugar, y luego después de terminar la tarea del país, que regreara a los intereses familiares. Para subrayar este carácter de los voluntarios, "*Women of China*" presentó otro personaje detrás de la familia de Zhang. Se trata de una profesora que enseñó inglés a los voluntarios, su marido siempre estaba en viaje comercial, su madre estaba enferma guardando cama. Para su trabajo, ella no tuvo otro medio que dejar a su hijo pequeño en la escuela infantil, los directores de su universidad le sugierieron que aceptara otro trabajo, ella dijo "*Never mind, I will try my best to overcome the difficulties. I am confident that I will do an excellent job*". Dos protagonistas que hicieron sus trabajos voluntarios para atender a los Juegos Olímpicos de su país por primera vez en la historia. Ellos consideraron que era una generación afortunada, tuvieron la oportunidad de experimentar el crecimiento de su país, por lo tanto se participó en los grandes festivales mundiales para compartir la alegría y el honor. Cualquier dificultad personal no valía nada en aquel entonces.

En abril de 2008, *"Women of China"* usó cuatro páginas para montar un reportaje de fotos "Shiny footprints"(Texto 10).La llamó *"Super Girl"* que era una estudiante del segundo año de la universitad de lengua y cultura extranjera de Beijing. *"Warm Smile" y "Straight forward manner"* es la conclusión hecha por la revista. Ella ayudó a los deportistas irlandeses a resolver los problemas, al final construyeron una amistad internacional entre ellos; durante aquel tiempo, la frase más popular del campo universitario consistió en "Are you volunteer?" el espíritu de ofrecer estaba dentro de la vida de los jóvenes, fue una riqueza preciosa de la sociedad.

Los estudiantes universitarios es un grupo enorme, son jóvenes, reciben alta educación, viven en una época nueva, por lo tanto, su imagen representa a la joven generación de China. Ellos tienen juventud, inteligencia, energía y pasión; ellos aman a su patria, a su población; ellos contienen el espíritu de servir a su patria y a otras personas. Cuando el país recibe el gran festival mundial, ellos se encargan de la responsabilidad social naturalmente, dedicándose a la construcción nacional. Aunque ellos son de*"generación mimada"*, *"Generación perdida"*, etc. El espíritu de valientía, insistencia de sobreponerse así mismos también sorprendieron al mundo.

Dentro de   la preparación de Expo de Shanghai, en cuanto a los estudiantes universitarios que fueron principales voluntarios "Women of China" siguió usando el mismo camino de hacer reportaje, las palabras claves *"smile", "eager to answer question"*, contaron con un único artículo con texto y tres fotos sobre ellos; al mismo tiempo, añadió nuevos protaginistas, así como "New Shanghai Sister"(Women maken difference in Shanghai-contribute to Expo)(Texto 11), quienes eran las mujeres rurales que trabajan en Shanghai, representaron un grupo en la sociedad china. Con bajo ingreso, baja nivel de educación, concentradas en los sectores de trabajo intenso con poca tecnología. Por una parte, ellas son numerosas, imprescindibles en el proceso de desarrollo de una ciudad, y de la economía nacional. Por lo tanto, la imagen general de las mujeres chinas necesita de ellas. Por otra parte, el lema de Expo Shanghai es *"Better city, Better life"*, es decir, la ciudad ofrece mejores condiciones y servicios públicos a sus habitantes para que ellos vivan mejor; al mismo tiempo, sus habitantes hacen todo lo posible en promover el desarrollo de la ciudad, es un círculo positivo. Mejor dicho, "New Shanghai Sister" sierve especialmente para la difusión de Expo.

Según una de ellas Long Huaxiu, que ya llevado muchos años viviendo y trabajando como limpiadora en un compañía de Shanghai, es su segundo pueblo natal, le gusta shanghai porque esta ciudad le ofrece mejores condiciones de vivir y trabajar, incluso no quiere volver a su pueblo natal. Además, el artículo dice que Shanghai provee diferentes tratamientos profesionales a estas mujeres, tienen acceso libre al sistema sanitario como los locales, les anima a participar en las actividades culturales. Se consideran como una parte de esta ciudad. En el proceso de preparación para la Expo, muchas mujeres como Long *The make their own contributions to the smooth transportation of visitors*". Se trata de un artículo con mucha estrategia comunicativa, se ven las huellas notables del gobierno y la política. Para completar su imagen, además de su dedicación a la Expo, cuando aconteció el terremoto de China, ellas igual que los demás, donaron dinero a los víctimas, aunque ellas ganan poco dinero cada mes, *Women of China* presenta la alta responsabilidad social y buen corazón de la mujeres de clase social baja.

Otro artículo especial trata de los voluntarios internacionales que venían de España, con experiencias en Expo Zaragoza de 2006. Ellos se encargaron de Informar y guiar a los visitantes en español e inglés. rabajaron juntos con los voluntarios chino(Texto 12)s. Dos fotos presentan la cooperación entre estudiantes chinos y voluntarios españoles. No importan la barreras de países, cultura e idioma. El mismo objetivo los une se coordinaron, se comunicaron, la juventud es la mejor lengua de esta amistad internacional. A través de este artículo, *Women of China* describió una sociedad abierta china en los asuntos internacionales, prefiere cooperar con otros países y aprender sus experiencias avanzadas, y los jóvenes también tiene espíritu cooperativo de trabajo en grupo la capacidad de comunicar y aprender la cultura de otra nación.

En junio de 2008, "*Women of China*" publicó un reportaje especial sobre una voluntaria y portadora de antorcha de Beijiing Olympicos. "A passionate TV host Yang Lan´s life centers on Beijing Olympics"(Texto 13). Su vida personal tiene relaciones estrechas con Los Juegos Olímpicos, sobre todo con Beijing. Ella se llama Yang Lan, la primera presentadora de televisión de China, tiene gran fama y respeto en la sociedad nacional e internacional. Ella ha tenido en dos ocasiones contacto con los Juegos Olímpicos, en 1993 y 2001. En 1993, Yang como presentadora e intérprete de chino-inglés fue a Monte Carlo con el Comité Olympico de Beijing para solicitar el 2004 las olympiadas. Al final, China fracasó, no conseguió la oportunidad. Sin embargo, esta experiencia de Monte-Carlo le afectó en toda su vida posterior. Poco después de volver a China, se retiró de CCTV (Televisión Central China) y fue a estudiar a Estados Unidos.En aquel entonces, esta decisión fue increíble para la mayoría gente. Según ella, el viaje a Monte-Carlo, el fracaso de China en los Juegos Olímpicos la dejaron despertarse y conocer una verdad: que una de las más grandes dificutades que separan China y del resto del mundo son los prejuicios. Es decir, los chinos no conocían al mundo, igualmente, el mundo tiene muchos malentendios sobre China desde largo tiempo. Durante los ochos años estudiando en Estados Unidos ella conoció la cultura occidental, el concepto de valor, pensamiento de los occidentales, al mismo tiempo, en su profesión había tenido gran éxito entrevistand a muchos políticos famosos del mundo. Hasta aquí, se puede ver una mujer tiene gran educación que un amor profundo por su partria, que une su propio destino con el de su país; además, es una mujer inteligente, que avanza, que mejora sin cesar.

En el año 2001, el Comité invitó otra vez a Yang como embajador del país a participar en el equipo para solicitar los Juego Olímpicos para Beijing en 2008.Ella aceptó inmediatamente.

Given the amount of work that went into preparing her statement, Yang was too busy to feed her daughter, so she had to stop breast-feeding when the child was just 100 days old. (Texto 13)

Para una madre no poder criar a su hija con su leche materna es una gran sacrificio, y la madre debe sufrir gran dolor en su corazón. Según la mayoría, en el mundo no hay nada más importante que criar, cuidar y educar a su pequeña hija recién nacida. Esta madre, abandonó su gran felicidad, con el motivo de que en su vida otra cosa más urgente, más importante la esperaba. La llamaba: es la necesitad de su patria. Ellas en primer lugar son ciudadanas del país, y luego son madres, esposas, hijas de una familia. Creo que eso es una imagen que *"Women of China"* quiere construir por medio de este párrafo.

En la presentación final de Moscú, Yang usó sus conocimientos de la cultura occidental, mezcló el humor occidental y la cultura china en su presentación, su inteligencia, perfecto inglés, amplios conocimientos, vista internacional impresionó a todos los presentantes. Y Beijing también conseguió Los Juegos Olímpicos de Verano de 2008. Yang dedicó todo su tiempo a prepararse para las olympiadas. Como una trabajadora de los medios de comunicación, su principal tarea fue transmitir el espíritu, conocimiento, historia olímpica a los ciudadanos chinos, al mismo tiempo, presentar la cultura, la civilización china a todo el mundo através de su programa especial sobre olimpiadas en la televisión, como *Yang Lan and Olympics* y *Olympic Songfest* que selccionar las canciones ralacionadas con las olimpiadas hechas por los chinos. Además, Yang entrevistó a las personas famosas en la historia de los Juegos Olímpicos, como Juan Antonio Samaranch. Según ella:

Despite being incredibly busy, Yang always has a smile. I am very lucky, adnd proud to witness the 2008 Olypic Games, which will be held in my hometown. Actually, everybody pursues his or her value in life. The Olympics has given me the chance to find mine. Therefore, I enjoy contributing to it "
(Texto 13)

"Lucky", "proud" y *"enjoy"* estas tres pablabras encierran la imagen de Yang Lan. El motivo de elegirle como protagonista consiste en: por una parte, su excelencia,

tiene fama internacional, es una de las mujeres más excelentes de la actualidad china, conlleva un sentido significativo. Por otra parte, ella es la mejor presente de un grupo de mujeres que después del periodo de la política se reforma y apertura china, eran las primeras intelectuales femeninas en salir de China ir por mundo. Eran mujeres nuevas, mezcla de cultural tradicional china y occidental. La mayoría de ellas en su vida posterior han conseguido triunfos, sin embargo, ellas no olvidaron su patria y el honor de su patria, Patriotismo es el carácter común entre ellas, y sacrificio es la tarea de toda vida. En nuestra época, lo más común es la cooperación internacional entre diferentes países, por lo tanto, el entendimiento de la cultura, la historia de otro país es la premisa de todo: entender, y luego reconocer e integrar. Los intelecturales de los años 80 y 90 notaron el cambio de perspectiva, y salieron fuera de China a estudiar y conocer el mundo. El resultado con la influencia de la cultura occidental, al mismo tiempo de la cultura tradicional china, les convirtieron en personas de síntesis. En la actualidad, justamente es este grupo el qu econcentra el poder en cada sector de la sociedad. Yang Lan como un de ellos, representa muy bien a este grupo, sobre todo el patriotismo y sacrificio para su país.

Hasta aquí *"Women of China"* y ha descubierto las imágenes de las estudiantes universitarias, las intelecturales de la década 80 y 90 y las de la minoría étnica, ofreciendo una perpectiva del panorama de las mujeres chinas. Las estudiantes universitarias, como la generación nueva, son la esperanza del país, el futuro de la nación, al mismo tiempo, es un grupo del que se dibate mucho en los medios de comunicación del mundo. A través de estos reportajes de *"Women of China"*, se puede decir que la revista reconstruyó las imágenes de los "Hijos Únicos", respondiendo a los medios de comunicación occidentales y que usaban las palabras como perezosos, egoístas, sin independencia. En *"Women of China"* ellos son patriotas, que se sierven otras personas y a la sociedad, están llenos de pasión y sueño, se esfuerzan por avanzar. Es una experiencia excelente de propoganda.

"The Chinese did it! Olympic torch lit atop mount Qomolangma"(Texto 14) también

es un artículo muy especial que se publicó en julio de 2008, Cuenta que un grupo de montañeros llevaron la antorcha olímpica subiendo a la más alta cumbre del mundo Qomolangma por primera vez en la historia humana. Según el título *"Chinese did it"* se experimenta mucho orgullo; además la portadora de la antorcha es una chica tibetana, éso es el propósito más especial de este artículo. Según *"Women of China"* , ella fue la portadora porque ella es simpática, la montañera más joven del grupo, el futuro de montañismo chino... En realidad, lo más importante es que ella es tibetana. Tíbet siempre es el tema más sensible en la diplomacia china y su imagen internacional, muchos lectores consideran que los comunistas chinos invadieron a Tíbet, maltrató a la población tibetana e incluso torturó a los monjes locales, por supuesto, esta opinión venían del DaLai Lama. Sin embargo, esta vez, en Qomolangma, fue una chica tibetana normal la que levantó el fuego sagrado. Ella representó a su población tibetana, sobrepasó enormes dificultades, al final logró llevar la antorcha a la cumbre. Y la antorcha olímpica y el fuego sagrado significan la paz y la reunión. Cada cosa tiene su sentido especial; por una parte, para contar la verdad de que los tibetanos igual que los demás chinos apoyan al gobierno y a los Juegos Olímpicos de Beijing, contradiciendo las palabras del Dalai Lama, por lo menos, deja a los lectores mundiales conocer el pensamiento de las personas corrientes. Por otra parte, este artículo es un complemento del Asunto de París ocurrido un mes antes. Los separatistas tibetanos son crueles, su propósito es de hacer daño a toda la nación; en cambio, las personas corrientes tibetanas, como la portadora, son simpáticos, les gusta la paz y la reunión nacional. Creo después de leer tan notable comparación entre las dos partes, que los lectores ya han desarrollado su propia opinión. Es un artículo que conlleva una estrategia comunicativa alta, por medio de una cosa sencilla llega a un efecto increíble. Es la prolongación del Asunto de París. Aunque, en todo el artículo, no sale ninguna crítica a Dalai Lama ni a los separatistas ni a la defensa propia, todas las palabras forman una idea firme: las personas tibetanos corrientes apoyan al gobierno central chino, los separatistas son castigos nacionales y del horror mundial.

Además del sentido diplomático, este artículo también conlleva sentido político. China es un país formado con cincuenta y seis etnias. Entre ellos, Han es la más grande, ocupa el 80% de la población total, son directores en los sectores políticos, económicos y culturales. Entonces, las demás etnias parecen está en un segundo lugar. Según la Ley, China es una república popular, los ciudadanos son dueños verdaderos del país, cincuenta y seis etnias se reúnen, cooperan, apoyan al partido comunista a gobernar el país. Por lo tanto, en cada Aamblea Nacional, los representantes de las minorías étnicas son necesarios. Como una política básica étnica nacional, en el recorrido de la antorcha también el gobierno creó una imagen de los minorías étnicas para declarar al mundo la política básica del país y del partido. Y además, para construir la imagen general de las mujeres chinas, no sólo de una etnia, sino también de otras, para completarse.

Después del personaje tibetano con un propóstio político tan notable, a continuación, "*Women of China*" en el mismo artículo, descubrió a otra chica también tibetana del grupo de montañismo. Sin embargo, en cuanto a ella, se concentró mucho en su experiencia personal de la vida, sus valores excelentes como una tibetana normal, con el fin de construir la imagen general de las mujeres tibetanas. Debido a la cuirosidad, ella empezó su carrera de montañismo. El espíritu de no obedecer a ninguna dificultad la ayudó a conquistar una y otra montaña. Durante este proceso, ella encontró su amor. Después de la muerte de su marido por un accidente, ella no abandonó el sueño, sino con el sueño de dos personas, el dolor y pensamiento de su marido llevó la antorcha olímpica a la más alta cumbre del mundo. A través de ella, se ven los valores generales de las mujeres chinas: son indomables a las dificultades y presiones de la vida, en su mundo interior existe una fuerza persistente y creencia firme que las animan a cumplir sus deberes como buenas esposas y madres.

En diciembre de 2010, "*Women of China*" hizo un reportaje especial sobre Asia Games Guangzhou que acababa de terminar en noviembre de 2010. "*Drawn to the flame*" (texto 14) su protagonista se llama Dawa Yangzong fue la portadora de antorcha de Asia Games, la misma chica que hace 20 años cogió el fuego sagrado para Beijing Asia Games, portadora y voluntaria de Beijing olímpicos. Fue elegida como la portadora del fuego sagrado en aquel entonces sólo porque tenía un rostro típico tibetano y sonrisa cariñosa, sin conocimiento deportivo alguno ni competiciones deportivas internacionales en su ranking personal. Debido al contacto con Asia Games Beijing 1990, se convirtió en una aficionada deportiva.

En los años 90 del siglo 20, con vestido tradicional de Tíbet, sonrisa bonita impresionó mucho a los chinos y a los extranjeros. Porque en aquella época, el mundo conocía poco sobre Tíbet,   incluso la mayoría de los chinos. Para muchas personas, su primer impresión sobre Tíbet fue la de la chica con vestido típico de allí, que mantuvo la antorcha sonriendo hacia los medios de comunicación. En adelante, ella como la representante de Tíbet elegida por el gobirno asistió a varios acontecimientos internacionales, como el recorrido de la antorcha de los Juegos Olímpicos de Atenas, 2004; de Beijing, y durante el mes de competición, dirigió a los estudiantes universitarios que fueron voluntarios en Beijing.

Como la imagen general de la población tibetana Dawa Yangzong salió en diferentes eventos nacionales e internacionales presentando la cultura y el ambiente especial de su pueblo natal Tíbet, lo que ayudó mucho al mundo a conocer Tíbet. Ella es una mujer normal, por una oportunidad casual, se dedica a propagar su pueblo natal, ha hecho gran contribución a su desarrollo y a su población. Además, participa en la construcción nacional. "*Women of China*" hizo este artículo basándose en dos partes principales. En primer lugar, igual que los demás, para completar la imagen general de un país, y decir al mundo que los valores buenos no sólo los contienen las mujeres del interior de China, también pertenecen a las minoría étnica; en segundo lugar, subraya la gran atención y política favorable del gobierno chino para el desarrollo de Tíbet. Seleccionar a una chica tibetana como protagonista, presentando a toda China a la portadora del fuego sagrado, en realidad, es una decisión con mucho propósito. Esta acción llevó al resultado, que llama la atención del mundo, a concentrarse en la tierra misteriosa y lejana. En los tiempos posteriores, en Atenas, Beijing, Guangzhou, cada vez el gobierno la seleccionó para compartir el honor del país representando a su población tibetana. Dejó huella de Tíbet en los asuntos importantes de la República Popular China. Al mismo tiempo, *"Women of China"* quería decir otra verdad: cómo una chica tan normal, bajo los ciudadanos y formaciones especiales del gobierno se crece y se convierte en una mujer adulta, con alta responsabilidad nacional. Y la unión es el deseo común entre los tibetanos y todo el país. El gobierno ayuda mucho al desarrollo regional, y los locales agradecen y apoyan al gobierno. Un contexto perfecto.

3.4.3 Otras

Entre los tres festivales mundiales, además de los dos grandes grupos de protagonistas que se acaba de analizar, deportistas y voluntarias, en la sociedad china vemos un gran grupo de personas, que no son deportistas que, sin embargo, luchan por el honor del parís en el campo deportivo. No son tampoco voluntatarias que sirven en los pabellones deportivos; sin embargo, ellas contribuyen también a Juegos Olímpicos, Expo y Asia Games a su propia manera. Ellas vienen de diferentes edades, mayores y jóvenes; diferentes profesiones, funcionaria, policía, etc. Casi cada clase social se activó para garantizar el funcionamiento de los tres acontecimientos.

En enero de 2008, el reportaje de fotos *"Beijing win"* (texto 16) daba el primer paso sobre los Juegos Olímpicos de Beijing 2008 de *"Women of China"*. En los meses posteriores, hasta octubre del mismo año, apareció la sección exclusiva de Beijing Games. *"Beijing win"* contiene 4 fotos, cada una ocupa media hoja. La primera de parte superior de la página se muestra una chica al conocer la buena noticia. Se abraza con sus amigas, es una cara joven, bella, está llena de alegría, con la imagen oficial de Beijing impresa; en la parte inferior, mujeres con vestidos de diferentes etnias llevan la bandera olímpica y la bandera nacional china; la tercera, una madre joven hace fotos con su hija pequeña delante de una pared llena de firmas de los ciudadanos y cinco círculos olímpicos. La última, una estudiante universitaria está llorando al alegría y emoción. Los cuatro momentos son las escenas verdaderas de la gente normal cuando llegó la noticia de la celebración en Beijing. De las cuatro, dos fotos se relacionan con las chicas de la minoría étnica, lo que puede querer decir que al gobierno chino le importa mucho transmitir el mensaje al mundo del que China es un país está formado por muchas etnias, cada una se reúne alrededor de la dirección del Partido Comunista y del Gobierno Central, participa en las construcciones nacionales, avanza conjuntamente. La foto de madre y niña también conlleva un sentido más profundo. La niña signfica el futuro del país, aunque ella no puede entender bien lo que pasa, su madre ve la foto como una forma de intervenir en momento histórico, el gran honor nacional, y la emoción de la gente, como una clase de patriotismo. La madre quería prolongar este espíritu en sus hijos para que después de muchos años, ellos puedan experimentar el honor como chinos.

En febrero de 2008, la sección exclusiva de *"Women of China"* publicó fotos con gran tamaño con el título *"Women warm up to welcome olympics" (Texto 17)* que presentaba a las mujeres chinas que se reunían en la Plaza Tian Anmen, Templo del Cielo y Mercado Dongan que son los lugares más famosos de Beijing para hacer deportes con el fin de recibir Beijing Olímpicos. La de Tian Anmen ocupa el 80% de la superficie de todo el artículo, es la más llamativa e importante. ¿Por qué? Tian Anmen es un símbolo de poder, es la red gobernadora durante 600 años, y dos disnastías feudales, la República Popular China también eligió allí la localización del gobierno central. En la historia de R.P. China, la Plaza Tian Anmen sólo se usa en las grandes celebraciones nacionales, como la inauguración del la R.P. China, las actividades en el Día Nacional de cada año, los asuntos oficiales. Su utilización por la gente normal, sólo ha ocurrido dos veces: "Revolución de Jazmín" de 1989, y "Falun Gong" de 2000, los dos son asuntos políticos represivos por el gobierno. Sin embargo, para recibir los Juegos Olímpicos, la sagrada plaza se convirtió en el campo donde hacían deporte las mujeres normales, el número de ellas es grande según la foto.

Elegir Plaza Tian Anmen, y publicarlo en la revista oficial para extranjeros, deja ver algunos propósitos políticos. Por una parte, declara la actitud del gobierno chino sobre Beijing, prestándole mucha importancia y atención, igual que a las actividades de inauguración y aniversario del país. Por otra parte, por medio de esta foto, expresa una idea, Plaza Tian Anmen no sólo para asuntos oficiales, también para asuntos públicos, no todos los asuntos públicos son represivos; rebajar la influencia negativa de los dos acontecimientos trágicos en la historia. Además, las mujeres hacen Tai Ji, un deporte chino muy tradicional, viene de la cultura y filosofía china, entonces es un medio de transmitir su civilización nacional a los lectores extranjeros. Los lugares elegidos de las fotos, Plaza Tian Anmen, Templo del Cielo, Dong An todos son patrimonio cultural del mundo con fama internacional. Son de todas las edades, mayores, adultas, jóvenes. *"Women of China"* presentó la gran emoción sentida por las mujeres chinas por los Juegos Olímpicos, también presentó el tuísmo de Beijing propagando esta ciudad. En la presentación de este reportaje de fotos, se dice:

Of those activities, the Fitness activity involving launched by All-China Women's Federación has been attractiong women. (Texto 17)

La imagen del gobierno se pone directamente delante de los ojos de lectores extranjeros. All-China Women's Federación es una organización nacional, fundada por el Partido Comunista Chino, suyas principales funciones son presentar y proteger los intereses de las mujeres chinas, promover la igualdad de género, y proteger los intereses de niños y adolescentes. Apoya las políticas del gobierno chino y del partido Comunista Chino en todo el país. Aquí, sale directamente el elogio al gobierno, parece el punto nuclear en el que está concentrado el régimen.

En el mismo mes, otro artículo presentó otros lados de las mujeres chinas. *"The making Fuwa"* (Texto 18). Se trata de la historia de las trabajadoras normales de la fábrica que preduce la mascota oficial Fuwa de los Juegos Olímpicos de Beijing. las trabajadoras de la fábrica son un grupo enorme en la sociedad china. Ellas están en la clase baja, empleadas en las industrias intensivas de mano de obra, así como textil, juguetes, las industrias ligeras. De ingreso bajo, trabajo intenso, tiempo largo. "*Women of China*" las seleccionó a ellas para descubrir la imagen de las mujeres con vida más dura en la base de la estrucrural social.

En primer lugar, después de la prueba del diseño, en la línea de montaje, las trabajadoras son las principales determinantes de los símbolos oficiales de Beijing Games.

In the workshop, women wering work clothes, stay busy at their stations. The day production more than 3000 sets fo Fuwa...the technological requirements for making are complicated, cutting the shape, sewing, binding and packing. There ara 30 steps during the sewing process... it is Fuwa, so we are contributing to the olympic games, indead!. (Texto 18)

El proceso para producir una mascota es tan complicado, tan difícil, que necesitan muchos manos de obra. Las trabajadoras manejaron cada detalle con alta atención y responsabilidad, incluso para las más pequeñas costuras. Porque ellas sabían muy bien que las mascotas eran imágenes de China, y memoria de los Juegos Olimpicos, que iban al mercado nacional y extranjero y ser una de las colecciones más preciosas de la historia. Recordaban el honor de Beijing y de China, por lo tanto, ellas se cargaban de gran responsabilidad, algún descuido podría causar un mal resultado. Con esta idea, un trabajo normal se convirtió en algo sagrado. Al mismo tiempo, ésa es la contribución hecha por ellas a los Juegos Olímpicos de Beijing, aunque no podían ganar la gloria en las competiciones como deportistas ni voluntarias que ofrecían servicios directos, estas trabajadoras normales probaron su emoción y patriotismo a través de su acciones simples.

En marzo de 2008, "*Fuwa coming olympics, arts collide*" (Texto 19). Con la proximidad de los Juegos Olímpicos, numerosas actividades públicas se activaron en la vidad diaria de la gente. Las mujeres chinas inteligentes, creativas combinaron la imagen de Fuwa con los aspectos de la vida. Se trata de cuatro fotos, se presentan cuatro culturas folklóricas. Corte de papel, bordado y pintura son culturas folklóricas tradicionales chinas. Ea primera foto, un grupo de mujeres presentan el corte de papel de la imagen de las cinco mascotas y el lema de Beijing Games; En la segunda, una chica hace una foto sentada en el zapato de tela con el bordado de la mascotas; en la tercera, una joven pinta las mascotas en sus uñas; en la última, un grupo de niños pintan "Nosotros con Fuwa" según su imaginación sobre Fuwa y los Juegos Olímpicos, aunque ellos noconocieran bien el significado de las dos cosas, bajo la influencia de padres y de profesores, la tendencia social entró en su pensamiento.

Mirando las cuatro fotos, igual que antes, "Women of China" eligió a la gente de diferentes edades, el contenido iba desde elementos tradicionales hasta modernos y populares. Todo expresaba la inteligencia y creatividad de las mujeres chinas. Fuwa es un producto combinado de cultura china y espíritu olímpico presentando la tradición local al mundo, pero ahora, Fuwa volvió a la vida diaria de la gente, se convirtió en una parte de la cultura local, eso significa que el espíritu olímpico está dentro de la gente verdaderamente, su pensamiento, su cultura, etc. Justamente eso es el objetivo original y profundo de celebrar las olimpiadas.

Beijing, la capital más antigua en la historia china, hasta hoy día conserva su ambiente imperial, es una ciudad de poder. Durante 2000 años, el cambio de dinastía, deja tantas cosas en esta ciudad que se convierte en un museo vivo de la historia, recuerda demasiadas civlización y gloria. Olimpiada viene de la civilización griega, cuando las dos civilizaciones se encuentran, ¿cómo Beijing esta antigua capital y sus habitantes, reacciona? "*Beijing olympics: something old, something new*"(Texto 20) de abril de 2008. Las palabras claves son "*old*" y "*new*", "*old*" se refiere a la larga historia, antigua arquitectura. En las fotos salen las antiguas murallas de la ciudad prohibida, torreta, gran muralla estos elementos viejos significativos; al mismo tiempo, los elementos nuevos: la bandera olímpica por toda la ciudad, actividades en Gran Muralla por los voluntarios, mujeres que hacen deporte al lado del palacio imperial, chica que juega con cometa con imagen de ópera Beijing delante de "Nido" que es la red principal de Beijing Olympic.

"Women of China" dice *since Beijing won the bid to host the olympics, people have been participating in a variety of activities. Their eagerness to host and witness the global sporting event can be felt throughout the city...the city show its vigor to the world..."*(Texto 20) *"vigor"*, *"variety avrivities"*, *"eagerness"* son palabras claves. Se presenta la emosión y preparación de los beijineses para recibir el gran festival.

Desde abril de 2008, empezó el relevo de la antorcha, *"Women of China"* preparó un artículo sobre la antorcha, y el equipo de diseño. (Texto 21) Yao Yingjia es directora del equipo. El concepto núclear es mezclar la cultura antigua china con la moderna, usando tecnología avanzada y ciencia. En el equipo de diseño, incluyen miembros del mundo: Singapor, Japón, Alemania, Estados unidos, Nueva-land e Italia. En cuanto a la forma de la antorcha, se usó la idea de Chou Jiayu, una diseñadora del equipo. Su cuerpo se parecía a un libro revuelto, porque China es el país que creó el papel en el mundo, eso también es el punto más brillante de toda la civilización china. Al mismo tiempo, sobre los dibujos de la antorcha, al final, se usó una nube afortunada que es un elemento tradicional de China, mezclando la imagen oficial de Beijing Olympic, los cinco cículos de las olimpiadas. Después, buscó la nuevos materiales y avanzada tecnología para resolver los problemas reales. La antorcha tardó diez meses en terminarse.

Yao y Chou son dos representantes de las mujeres que trabajan en el sector con alta ciencia y tecnología. *"Women of China"* las elegió a ellas como protagonista porque cada día más mujeres, con alto nivel de educación, un punto de vista internacional, inteligente, y mucho esfuerzo entran en este tipo de sectores generalmente considerados como exclusivos de los hombres. Pero por medio de sus esfuerzos personales, ellas consiguieron sus triunfos, respecto de la sociedad y de sus colegas masculinos. En la sociedad actual, este fenómeno prueba muy bien el ascenso de la condición social de las mujeres que juegan un papel cada día más importante en la corriente social. Por un lado, ellas tienen todos los caracteres excelentes tradicionales, al mismo tiempo, nuestra época las ofrece ventajas especiales y nuevas, ellas son vanguardias de las mujeres que entran totalmente en la sociedad. A través de su descripción, se presentó un punto común e importante: patriotismo. Además, ellas no se limitaron al límite nacional, sino en las cooperaciones internacionales, escucharon los puntos de otra cultura, mezclando los elementos culturales antiguos y modernos de China, y transmitieronel espíritu olímpico perfectamente.

Junio de 2008, un grupo de chicas danza para recibir los Juegos Olímpicos; julio, sobre la vida diaria de la gente normal. Padres que llamaron a sus hijos recién nacidos "Huan Huan " "Yin Yin" "Ao aAo " "Yun Yun" significaba "Welcome Olympic"; las parejas se casaron pidieron la cita para celebrar la boda el día ocho de agosto cuando empezó la inauguración de los Juegos Olímpicos. El comité Beijing invitó a los estudiantes de la zona donde ocurrió terremoto a visitar los pabellones deportivos, etc.(Texto 22) Toda China estaba escribiendo una canción para las Olympiadas que ya sería   un espíritu nacional, una parte sagrada de la población. Una sociedad falta de creencias durante mucho tiempo, salvo las de Marxismo, Maoísmo, Pensamientos de Deng... que son teorías del Partido por encima de la población obligatoriamente. Durante muchos años, por primera vez, otro concepto internacional de otra civilización recorre toda la sociedad, influye a 13 billones chinos. Sorprende mucho la difusión por parte del gobierno chino y sus medios de comunicación.

En agosto, *"Beijing welcomes you"* (Texto *23*) es el lema de Beijing, formado por cuatro fotos, la principal se trata de la puerta abierta hacia Templo del Cielo; la sonrisa de las azafatas, aplausos de los niños, todo eso significa que Beijing está listo para recibir al mundo.

En la preparación para la Expo de Shanghai, *"Women of China"* usó casi la misma manera de desarrollo de sus reportajes. En abril, *"One world one dream"(texto 24)* cuenta diferentes deseos de Expo de diferentes personas. En total, entrevista a cuatro mujeres, cada una pertenece a un grupo. Ellas son contable, profesora, estudiante universitaria, bailarina respectivamente. A través de sus palabras se puede conocer la situación general de su grupo. La contable de mayor edad dice que está contenta porque no hace faltar salir fuera para ver la Expo; la profesora es una aficionada a ls arquitectura, entonces la Expo es una buena oportunidad de satisfacer su interés personal; estudiantes universitarias dicen que Expo es una excelente oportunidad para que el mundo conozca a China y Shanghai, estrecha la relacion entre países, eleva la posición internacional de China; la bailarina dice que puede contemplar las danzas de otro estilo para perfeccionar su profesión.

Depende de diferentes niveles de educación y situación personal, cada una tiene su propia demanda sobre Expo, sobre todo, se subraya la imagen de estudiantes universitarias que reciben más educación, con puntos de vista que están relacionados con el destino del país.

Cada pabellón ofrecen varios espectáculos para presentar su cultura a los visitantes, en el pabellón *"Life and Sunshine"* (Texto 25)que el especialmente de los discapacitados. "Women of China" hizo un artículo especial sobre un equipo artístico formado por los discapacitados chinos. Su espectáculo se llamaba "My dream", fue la palabra usada por la revista, los actores sobrepasaron los defectos físicos, expresaron la danza tradicional china, instrumentos folklóricos, la danza moderna, ballet y ópera de Beijing, etc. Sorprendieron al mundo. Hace dos años, empezaron la preparación de "My dream". "Optimism" es el comentario general de "Women of China" sobre ellos, también es la evaluación de los espectadores. *"Death of the swan" Wei Jingyang, a deaf woman, the beautiful swan did not die; rather, it flew high into the sky".* Desesperada no fue actitud a las dificultades de la vida, porque en su corazón conllevaba el sueño por el arte y el futuro. Ellos tienen altos talentos artísticos. Aunque ellos no pueden escuchar la música o los aplausos de la gente, la danza todavía excelente. A veces, se hacen cosas con el corazón mejor que con el cuerpo. Con una manera informal expresaron su entendimiento de la vida. Al mismo tiempo, igual que otras personas, a ellos le gusta ayudar a los demás. El equipo artístico donó 932.353 dólares a los niños de los desastre naturales, 440,000 dólares a los niños de otros países. "Women of China" escribió una frase para terminar el artículo: la vida nunca ha sido perfecta, las incomodidades físicas no se han convertido en las grandes desastres de la vida, sino igual que la gente normal, les gusta el arte, a través de cantar y bailar realizar su sueño. Sacrificio es el sentido de la vida.

Sin embargo, en el último párrafo, según la directora del equipo: *... it embodies the Chinese Goverment´s loving care for disabled people anda China´s social progress...* (Texto 25) es una frase que parece muy repentina, conlleva un sentido político muy fuerte y notable. Es el elogio directo al gobierno. Pero mirando todo el artículo no sale la imagen del régimen en ningún lugar en la última frase, la directora agradece mucho al gobierno. Es un modelo típico en los medios de comunicacón de China, cualquier éxito logrado a nivel individual, en primer lugar hay que agradecer al gobierno y al partido. Durante muchos años, este modelo ya está fijado como una teoría social, los intereses públicos está por debajo y controlados del país y partido político. En esta revista oficial para extranjeros, en cada momento se construye la imagen del gobierno. El gobierno construye la imagen perfecta de sus ciudadanos por medio del medio oficial, al mismo tiempo, desde la boca de los ciudadanos salen las palabras para elogiar la imagen del gobierno, todo parece mucho a un juego, el gobierno es el creador y jugador.

En los análisis, se refieren a la presentadora de televisión, trabajadora de fábrica, trabajadora en sector de alta tecnología, deportista, artista. En junio de 2010, "*Women of China*" publicó un reportaje que relaciona la imagen de las mujeres políticas. "*Better city, better life*"((Texto 26). Una entrevista con la vice-presidenta de Shanghai Yin Yicai que completa la imagen de la mujeres chinas. El número de las mujeres chinas que trabajan en el sector político ha crecido durante los últimos 20 años. Algunas incluso están en posiciones elevadas. Yin es una de ellas. En el artículo, ella presentó el objeto, concepto principales de Expo Shanghai, comunicación, cooperación y entendimiento son tres temas princpale. Shanghai como el centro financiero oriental, llama la atención mundial otra vez por medio de la Expo. Es una buena oportunidad para esta ciudad. A través de su boca, *"Women of China"* presentó la actitud oficial de la Expo de China, y en los trabajos concretos, cómo se desarrolló el gobierno local. "Better city, better life" es el lema de la Expo, según este concepto, el gobierno de Shanghai realizaró una serie de trabajos para mejorar las condiciones de infraestructura, usar materiales nuevos para ahorrar energía y proteger el medio ambiente, construirnuevas vivientas para albergar a las familias que vivíen en la zona de pabellón, etc. Todo eso sanciona servir a sus ciudadanos es la función principal del gobierno. Además, la Expo también aportará beneficios verdaderos a la vida de los locales. Nuevas líneas de metro, tren y autobús, la protección de los patrimonios culturales; los servicios completos de la Zona Expo. Sin embargo, en los úlitmos tres párrafos, cambió el tema de repente por los trabajos de las mujeres. Como cualquier artículo hecho para una revista femenina necesita cualquier tener relación con el tema de las mujeres.

The shanghai women's federation has conducted many activities... the Expo serves as a good opportunity for mothers and their children to promote their scientific knowledge... women's forums will be held to discus the development of urban women, exchange experiences of different nations inthis regard, and explore new trend in women's participation in the economy, politics... (Texto 26)

Shanghai women's federation es una parte del sistema nacional de All women's federation. En la Expo lo que hizo esta organización local para las mujeres, y qué ventaja de la Expo puede conllevar a las mujeres.

Como una mujer política, Yin representó al gobierno haciendo una presentación completa y la sobre Expo a todos los lectores. A través de esto, la gente ve cómo el gobierno cumple su compromiso ante el mundo, en los trabajos cuida mucho a sus habitantes. "People-oriented" es la política básica del gobienro central y del Partido Comunista, el lema de la Expo también va en ese sentido. Las acciones realizadas por el gobierno de shanghai están llenas de ciudadanos, servicios, beneficio a sus ciudadanos. Los últimos tres párrafos son estrategias de comunicación del gobierno.

Durante la Expo, el turismo en los alrededores de la ciudad fue popular. *"Their objetctive"* (texto 27) de septiembre de 2010 de *"Women of China"* nos contó la historia de dos mujeres rurales de un pueblo Jinshan que está cerca de Shanghai. Tiene un ambiente cultural, folklore muy típico. Ellas son mujeres normales rurales,Tang Xiufang tiene 66 años, transmitió los conocimientos de la Expo a otras personas rurales como ella a través de cuentos sencillos y espectáculos. Su imagen incluye la edad de mayores de 60 años. Por deseo del gobierno. Como una mujer normal y rural, dentro de su educación limitada, planteó los cuentos sencillos para transmitir los conocimientos profundos de la Expo. Inteligencia, persistencia y bondad, *"Energy and passion"* es la evaluación que la revista hace de ellas. Se avanza, esfuerzo, pasión, inteligencia, confirmar la huella de las mujeres rurales tradicionales chinas.

La otra se llama Cao Xiuwen, es una pintora rural. La pintura rural es la cultura folklórica de Jinshang. Dos obras suyas están exhibidas en la Expo que promuev mucho la difusión de este arte. El artículo contó el proceso de su autodidactismo, cuando otras personas abandonaron la pintura local para hacer negocios. Ella insistió en su sueño y creencia. Al mismo tiempo, animó a otras personas a participar junto a ella a transmitir la cultura de su pueblo para que más gente pueda conocerlo y disfrutarlo.

Las dos mujeres rurales ya no son mujeres tan   cerradas como la consideración general podía dar a tender. Debajo de la dirección del partido y del gobierno, ellas avanzan y se crecen muy rápidamente.

En agosto de 2011, " *Women of China"* hizo un artículo sobre un grupo misterioso y sagrado. Ellas son soldados chinas que trabajan en *China Marine Surveillance.* *"Mission on the sea"*(texto 28) con el fin de garantizar el funcionamiento perfecto de la Expo Shanghai, desde abril de 2010 forman equipo especial, suya principal tarea es proteger el cable óptico marino durante la Expo. Los cables son fundamentales para transmitir todos los señales sobre la Expo hacia todo el mundo. *"Women of China"* usó *"hardworking women"*, *"mysterious holy mission"* paraa describirlas. Entre todas elegió dos como protagonistas de este artículo. Zhai Zifang, 50 años, la directora del departamento de ejecución del grupo, una militar responsable, debido a su especial trabajo. Siempre trabaja intensivamente, incluso ignora a su familia.

The ships for marine surveillance are our government's official vessels represent the state as it exercises its marine jurisiction... whether a man or woman, we are treated equally. We share the same responsiblities. There won't be any privilege given to you because you are a women ... compared with men, who tendo to be stronger physically, women must work harder to fulfill the missions that come with marine surveillance, especially to leadship positions. (Texto 28)

Como una trabajadora de *China Marine Surveillance,* ella sabe muy bien la esencia de este trabajo, la responsabilidad que lleva es incomparable con otros trabajos normales; como mujer, ella dispone de mucha dignidad, y esfuerzo. Nunca se considera a sí misma como una mujer privelegiada. Debido a sus excelentes capacidades se convirtió en la directora de muchos hombres. Ella representa a las mujeres chinas que a través de sus esfuerzos e inteligencia consiguen un lugar principal en los sectores considerados tradicionalmente de los hombres. Aunque el número es reducido en la actualidad. Al mismo tiempo, para llegar a tan alta posición, hay que sacrificarmuchas cosas. La primera es el tiempo para la familia.

La otra se llama Chen Xiaoqian, es la premiada de"Jin Guo" de 2007 que es el más alto honor para las mujeres de diferentes sectores laborales. Esta excelente soldada explicó la importancia de pretoger los cables y las dificultades encontradas en su trabajo. *"Bold"* y *"brave"* *"sacrifices"* son conclusiones finales de *"Women of China"* sobre ellas. Ellas son mujeres normales, pero sus trabajos las hace parecen sagradas. Están encargadas de tareas nacionales, protegen la puerta marina del país, sufren condiciones laborales duras, ofrecen tantos esfuerzo que llegar al más alto escalafón directivo y gran prestigio. Sin embargo, detrás de este poder y gloria, existe un fenómeno ignorado en la sociedad actual, la familia. El criterio tradicional para la evaluacón de   una mujer consiste de dos partes: trabajo y familia. Notablemente,

ellas ponen trabajo por encima de la familia. Por la especialidad de su trabajo, la

actitud de la revista es postiva.

4. Conclusión

A través de ordenar, agrupar y analizar los artículos durante enero y octubre de 2008; abril, mayo, junio, julio y octubre de 2010 ralacionados con los Juegos Olímpicos de Beijing, la Expo Mundial de Shanghai y Asia Games de Guangzhou que se pulicaron en la versión inglesa de la revista femenina oficial del gobierno chino *"Women of China"*, se califican tres líneas princiaples sobre todas las protagonistas femeninas: deportista, voluntarias y otras que se refieren a los primeros dos grupos. Todo el proceso de análisis está basado en la clorología temporal de publicación. Juegos Olímpicos de Beijing, la Expo de Shanghai y Asia Games de Guangzhou son tres asuntos muy importantes en la historia de la R.P. China. El gobierno depositó muchas atenciones, aunque los tres son festivales culturales y deportivos. *"Women of China"* como un medio de comunicación oficial exclusivamente editado hacia los lectores extranjeros, sobre todo oficiales, constryó la imagen ideal de sus ciudadanos y del gobierno aprovechando estas oportunidades. Cada protagonista tiene su sentido significativo representando a un grupo social. Durante todos los artículos, existe un concepto principal "patriotismo" "sacrificio y ofrecimiento", "reunión nacional" y *"el people-oriented* del régimen". En muchos de ellos, se usó la estrategia de comunicación políticia, es decir, introducir la política del gobierno en las descripciones. *"Women of China"* ofrece un panaroma completo y detallado de la sociedad china, se dividen en cinco puntos principales.

I. Elegir a las protagonistas en extensión amplia, tiene sentido significativo y completo. Mirando todos los artículos, sus personasjes vienen de diferentes edades, diferentes profesiones, niveles de educación, conforman una miniatura de la estructura social, lo que garantiza el completo mosaico de los reportajes. Además de deportistas en el grupo exclusivo de los Juegos Olímpicos, entre voluntarias y otras profesiones surgieron: ex-campeona, estudiantes universitarias, trabajadora de medio de comunicación, alta funcionaria, policía marina, mujeres rurales, mujeres rurales migrandas a la gran ciudad, trabajadora en sector de alta ciencia y tecnología, trabajadora artística, trabajadora normal de fábrica, mujeres de minoría étnica. En cuanto a la edad, sobre todo en el tercer grupo (otras), en los artículos siempre salen imágenes de mayores, adultos, jóvenes, adolescentes y niños. Cada uno de los personajes conlleva la significación de su grupo y su clase. Cada aspecto de ellos está unido por medio de los tres festivales mundiales, formando una imagen viva y real de la sociedad china, de las situaciones de las mujeres chinas.

Además, cada grupo de mujeres expresan los valores nuevos, imágenes nuevas además de los tradicionales. Por ejemplo, las trabajadoras de la fábrica que produce Fuwa (la mascota oficial), las mujeres rurales de Jinshang (pueblo cerca de Shanghai), no son las mismas mujeres rurales que persisten tras el concepto tradicional, sino que conllevan los caracteres nuevos ofrecidos por la época, consiguen gran éxito tanto en pensamiento como en acción. Otros grupos nuevos surgidos en el proceso del cambio de la sociedad también está incluídos. Como mujeres rurales migradas a la gran ciudad. Es un grupo surgido durante el proceso de urbanización de los últimos 20 años, su número es cada día más grande, se convierten en una parte importante de la sociedad, y los problemas con que se encuentran es el tema más discutible. Otras mujeres que se dedican a trabajos especiales también están en los artículos. La policía marina, aun siendo pocas, forman un grupo importante de la sociedad. En realidad, ellas son mujeres como las demás, pero sus trabajos las cumplen ambiente misterioso. A través de sus trabajos y uniformes, se presentan sus situaciones cotidianas, incluso el problema común para las mujeres entre trabajo y familia. Estudiantes universitarias y deportistas son grandes grupos, a los que se deducan varios artículo en la revista. Por supuesto, en competición a deportivas, las deportistas son los personajes principales. Sobre todo, en China, como el país anfitrión, el gobierno tiene grandes esperanzas en ellas; estudiantes universitarias es el grueso de voluntarios, sus imágenes en mayor parte determinan el futuro de un país, entonces, llaman mucha la atención de los lectores extranjeros. Además, siempre los medios extranjeros describen la política del"Hijo único" chino, y los aspectos de esta generación, son en mayor grado es negativo. Así que, *Women of China* los vea como la principal mano de obra a través de la preparación del festival mundial y los presente devitamente para que los extranjeros conozcan mejor, por lo menos otra imagen de los jóvenes chinos.

II. Las mujeres al mismo tiempo tienen los valores tradiconales de la cultura china, y los la época moderna. Aunque se expresan diferentes caracteres personales, entre todos existen puntos comunes: "patriotismo" y espíritu de "ofrecimiento". Según la cultura tradicional china, las mujeres deben ser simpáticas, de buen corazón, laboriosas, soportar las dificultades y sobrepasarlas, tiernas, obedientes, inteligentes, persistentes, valientes, etc. Estos surgen en las descripciones de la revista. La mujeres de nuestra época, además de las caracteristicias tradicionales, tienen los nuevos. Romper el concepto antiguo; salir al mundo; entrar en los sectores considerados propios de los hombres siempre; competir igualmente con sus colegas masculinos, conseguir el poder del liderazgo; con gran valor para realizar su sueño.

"Patriotismo" y espíritu de "ofrecimiento" son cuestiones básicas para un ciudadano de cualquier ideología. Una imagen general y esencial de una población. Además, los dos espíritus comunes incluyen elementos más profundos. China como un país comunista y socialista, existe sólo un partido política, por lo tanto, durante mucho tiempo ha sido definido como una "dictadura, sin democracia", en realidad, muchas veces se mezcla el concepto del partido con el de país. Esencialmente, *Women of China* es un medio de comunicación oficial del gobierno, suya función principal consiste en apoyar, proteger el interés del régimen. Los ciudadanos tienen patriotismo. Lo que significa aman también al partido comunista, ellos viven en un país unido, y les gusta era reunión. Por eso, el sistema político es razonable. El criterio para evaluar un país no depende del comunismo ni del capitalismo, lo más importante es el nivel de satisfacción de sus ciudadanos. Al mismo tiempo, este pensamiento es usado como respuesta a las críticas internacionales sobre la ideología china. "Ofrecimiento" es la exigencia de Patriotismo, Marxismo y Comunismo, es la esencia y objeto final del país.

En fin, las mujeres chinas conservan los caracteres tradicionales que vienen de la civilización milenaria; conllevan los nuevos de la época moderna. Tanto tradicionales como modernos, lo más importante es su pasión por la patria, el ofrecimiento a su país y a su población. Es una tarea sagrada, cuando una persona se encuentra con el interés nacional en cualquier momento, abandonar su interés propio para obedecer al país consiste en su primera y única opción. El partido político y la nación son las creencias más altas entre el común de estas personas.

III. **Especial atención ofrecida a los minorías étnicas, sobre todo en el tema "Tíbet".** La base de la política étnica es: Igualidad, unión; se apoyan mutuamente y se desarrollan juntamente bajo la dirección del Partido Comunista Chino; promover el desarrollo económico y cultural de la zonas de minorías étnicas. China cuenta con 56 etnias, además de Han, los demás son minorías. Sin embargo, desde el principio, el gobierno ofrece mucha importancia y atenciones a las minorías. Para transmitir el concepto de la igualdad del gobierno sobre todas las etnias, *"Women of China"* publicó fotos de ellas en las inauguraciones y artículos exclusivos sobre personajes de otra etnia. La participación de ellos en los asuntos nacionales importantes, expresa la unión entre todo el país. Por otro lado, es un medio de propagar la cultura diversa de China a los lectores extranjeros.

Tíbet siempre es un tema sensible en la diplomacia china, en la sociedad internacional existen muchas crítica a China referidas a Tíbet. Además, el Dalai Lama reorre todo el mundo para transmitir sus palabras contra el régimen chino. Hasta hoy día, los aspectos negativos de China en un 80% está relacionados con Tíbet. Por lo tanto, *"Women of China"* se preparó mucho para hacer esta serie de reportajes sobre gente tibetana. Un concepto común se pasea por estos artículos: a los tibetanos "normales" les gusta reunirse con el gobierno central y la paz, apoyar a la gobernación del Partido Comunista Chino. Ellos son simpáticos, inocentes, con excelentes vslores morales. Al mismo tiempo, el gobierno dedicó mucha inversión y ayuda especial a Tíbet para promover el desarrollo económico, cultural local. Entre los dos, se mantienen buenas relaciones. Todo eso prueba que lo que dice el Dalai Lama no es cierto. Y los separatistas tibetanos ellos son crueles, son enemigos de la población tibetana y de todo el país, ellos no representan la actitud de la mayoría. En el asunto de París durante el recorrido de la antorcha, su mala imagen se quedó descubierto frente el mundo. Para el gobierno chino, es una gran oportunidad de derribar todas las críticas internacionales sobre Tíbet, al mismo tiempo, los separatistas reciben el nombre de terroristas.

El artículo de Dawa Yangzong, la portadora de la antorcha de Guangzhou Asia Games, subraya la ayuda del Gobierno Central a Tíbet. Ofrecer oportunidades a una chica tibetana mandándola a cada asunto importante, con el fin de presentar su cultura y civilización regional por medio de los eventos.

IV. **La atención especial para los discapacitados, expresando la política "People-oriented" del gobierno.** Los discapacitados como grupo vulnerable de la sociedad, forma una parte importante de la imagen construída por la revista *"Women of China"*. Desde deportistas en paralímpicos hasta dos portadoras de antorcha, y un equipo artístico especial. El carácter general de los discapatitados consiste en el optimismo, valentía, animar y ayudar a otras personas, ofrecerse a la sociedad. Por una parte, esta serie sobre las discapacitadas quiere construir su imagen y presentar al mundo otro lado de la sociedad. Por otra parte, varios artículos relacionados con ella dan entender que el gobierno le presta mucha atención. En esta época, la teoría básica y central del gobierno chino es "People-oriented", es decir, el núcleo de todos los trabajos del gobierno consisten en la persona, servir mejor a sus ciudadanos, proveer favorables situaciones para los ciudadanos, garantizar los derechos básicos de los ciudadanos. Como un grupo vulnerable, los discapacitados son objetos de esta política. Entonces, esta serie de reportajes además de ser una parte de la imagen general de las mujeres chinas, al mismo tiempo, conlleva la función de servir para la construcción de la imagen del régimen.

Muchos artículos de entrada parece que son artículos relacionados con los trabajos de la mujeres chinas. Sin embargo, poco a poco, con la profundización de análisis, detrás de cada fenómeno se oculta una política concreta del gobierno. La selección del tema, la protagonista y su profesión, incluso los valores personales, cada elemento está controlado por la regla que el único y principal objeto es servir al gobierno, propagar su política, su teoría gobernamente a los lectores extranjeros, sobre todo, los oficiales.

El gobierno chino, el Partido Comunista Chino durante mucho tiempo ha sido como cruel, inhumano, dictadura, sin democracia, etc. En la actualidad, su economía ya ha llegado al segundo lugar del mundo. Sin embargo, en el sistema social, manera política, y muchos aspectos existen UNA gran distancia en comparación con su nivel económico. Para llegar a la imagen de gran país mundial tanto en economía como en política y cultura, a China todavía le queda un largo camino. El gobierno se esfuerza la avanzar hacia este objeto. Por lo tanto, esta revista oficial exclusiva de mujeres chinas, según su nombre y sus protagonistas, (todas son imágenes femeninas) a tratar de sus situaciones actuales. En realidad, *"Women of China"* no es nada más que un medio de comunicación que especialmente sirve al régimen, propagando su política a través de las relaciones de cada personaje, construyendo y mejorando una nueva imagen de China en la sociedad internacional.

A veces, en los artículos quedan huellas tan notables de elogio directamente al Gobierno que se convierte en costumbre en los medios de comunicación de

China.

Sea como sea, "Women of China" versión inglesa como la única revista oficial femenina de China para extranjeros, conlleva dos sentidos básicos. El primero, su esencia es la de una revista, un formato de comunicación. A través de los protagonistas de diferentes edades, profesiones, clase social presenta una imagen completa de las mujeres chinas al exterior, eso favorece mucho que se conozca fuera de china la sociedad china. El segundo, el sentido político, que existe en la revista. Igual que cualquier publicación de un partido político, su nacimiento y su principal función consiste en servir eficazmente los intereses de este partido. Política es la vida de esta revista oficial.

5. Bibliografía Y recursos electrónicos

1. Fondo de Desarrollo de las Naciones Unidas para la mujer (2000): "Proceso   de las mujeres en el mundo 2000, informe bienal de UNIFEM"

2. Javier Mayoral Sánchez y Pinar Agudiez Calvo (2011): "La imagen de la mujer en la prensa deportiva digital: análisis de las portadas de Marca.com y As.com", actas del Congreso Internacional de Etica y Deontología Profesional de la Comunicación (Sevilla, 2011)

3. http://www.womenofchina.net/html/folder/189-1.htm

4. http://www.womenofchina.com.cn/html/folder/304-1.htm

5. http://es.wikipedia.org/wiki/%C3%8Dndice_de_democracia

6. http://es.wikipedia.org/wiki/Autoritarismo

7. .http://es.wikipedia.org/wiki/Feminismo_marxista

8. http://www.gov.cn/gongbao/content/2004/content_62714.htm

9. http://www.gov.cn/banshi/2005-05/25/content_847.htm

10. http://en.wikipedia.org/wiki/Foot_binding

11. http://es.wikipedia.org/wiki/Matrimonio_concertado

12. http://es.wikipedia.org/wiki/Juegos_del_Lejano_Oriente

13. http://es.wikipedia.org/wiki/Juegos_del_Lejano_Oriente

14. http://www.hudong.com/versionview/BBwReRl,FZX0NY,XVAFDFdPVw

15. http://baike.baidu.com/view/521790.htm

16. http://www.china.com.cn/info/zhuanti/nxsh/node_7003138.htm

17. http://en.wikipedia.org/wiki/Sang_Lan

18. http://en.wikipedia.org/wiki/Yang_Lan

19. http://en.wikipedia.org/wiki/Luo_Xuejuan

20. http://en.wikipedia.org/wiki/Chen_Zhong

21. http://en.wikipedia.org/wiki/Asia_Games

22. http://es.wikipedia.org/wiki/Pek%C3%ADn

23. http://es.wikipedia.org/wiki/Plaza_Tiananmen

24. http://es.wikipedia.org/wiki/Dal%C3%A1i_Lama

25. http://en.wikipedia.org/wiki/Jin_Jing

26. http://en.wikipedia.org/wiki/Expo_Shangai_2010

27. http://es.wikipedia.org/wiki/Juegos_Asi%C3%A1ticos_de_1990

28. http://en.msa.gov.cn/msa/